物业因需要而存在，服务因满意而精彩。

八好物业专业指导，与精彩人生同行。

——辛皆萱

八好管理基本概论

整理 / 整顿 / 清洁 / 形象 / 安全 / 维护 / 修养 / 学习

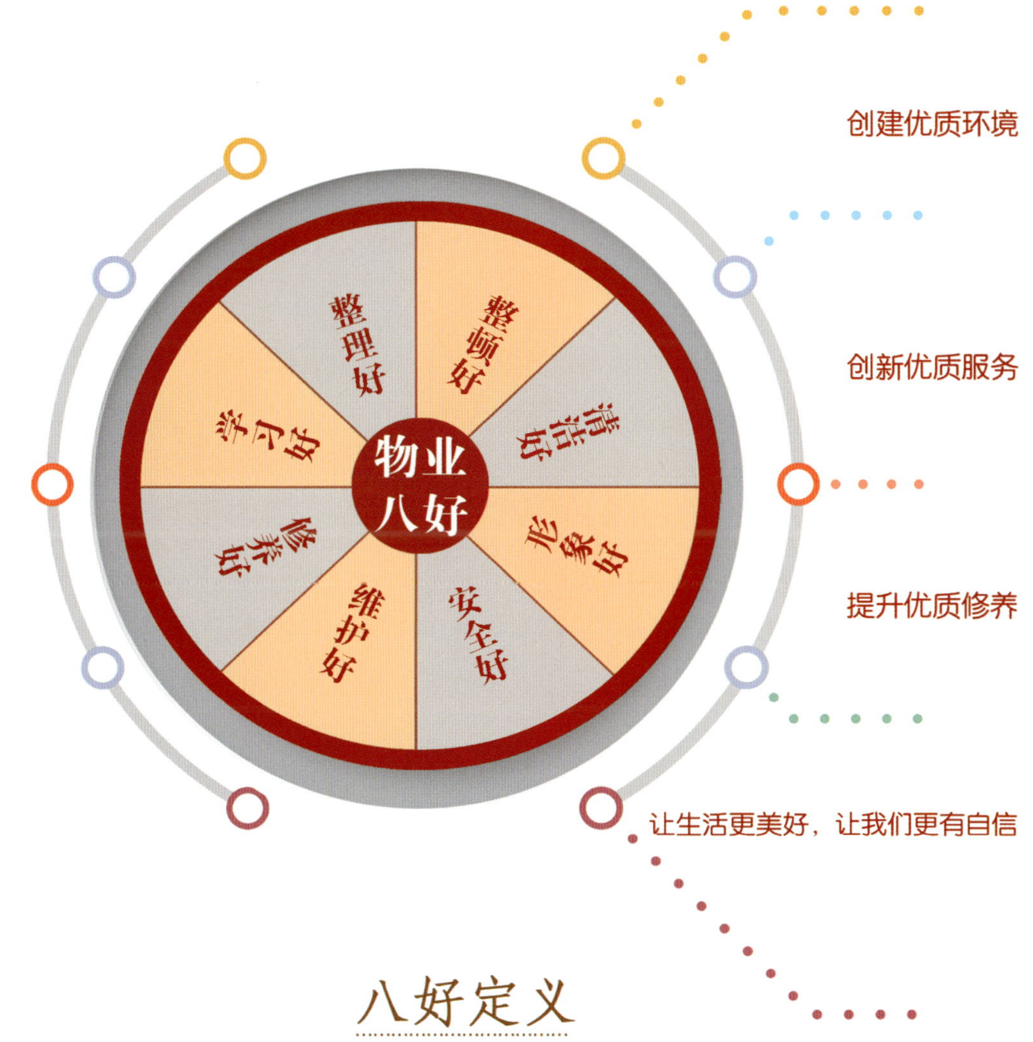

八好定义

八好管理指对生产或者工作现场的机器、材料、环境做全面整理、整顿、清洁、维护，对现场工作人员进行培训、提高其修养等，简称为八好。这些内容有机组合在一起，便构成一个有利于企业品质提升、良好运营与发展的管理体系。

物业人风采

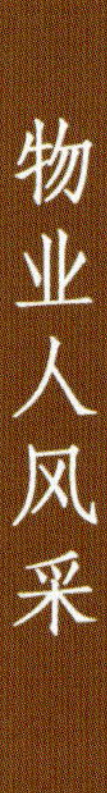

我们的企业是一所培养人才的学校，能培养创新、进取、团结的精英；我们的企业是一个温暖可靠的家庭，用真心、耐心、细心、诚心、恒心服务于每一位业主，我们的企业是一支善打硬仗的军队，我们有仁、有义、有礼、有智、有信；我们坚守信念，恪守职责，精益求精，致力于打造更温馨、更贴心的服务，我们只为打造优质品牌而生。

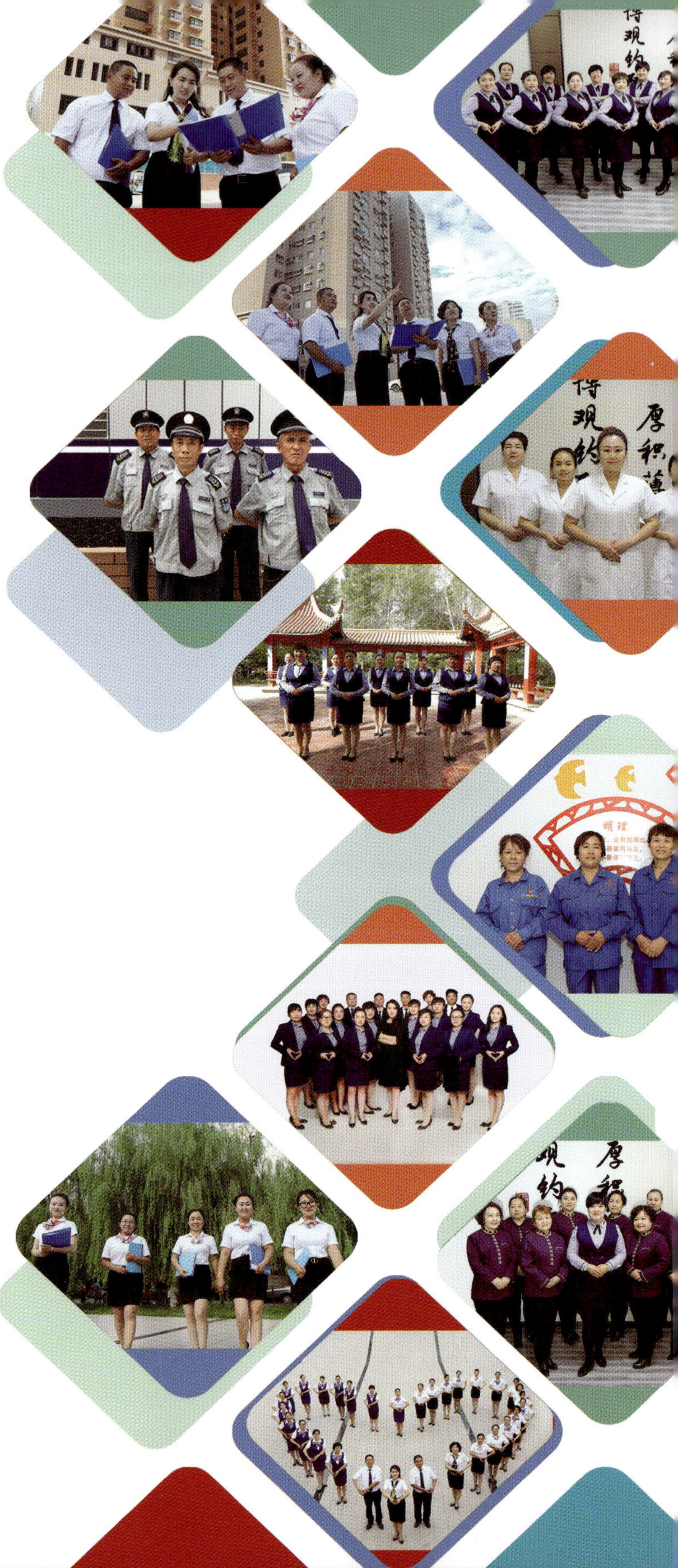

物业人价值观

突破/激励/学习/热情/感恩/专注/专业/安全/高效

企业简介

哈密市和谐物业管理有限公司（简称：和谐物业）成立于 2011 年 6 月，注册资金 300 万元，是国家二级资质物业服务企业，目前服务的有小区住宅、企业单位、事业单位等，服务面积达 500 万平方米。

资质荣誉

2013 年，公司通过了 ISO9001 服务质量认证。此外，公司连续八年荣获“哈密市优秀物业”荣誉称号，并出版发行了物业管理书，为行业提供了物业服务标准和规范，推动服务行业转型升级，打造智慧社区，助力智慧城市建设。

公司前景

公司一直秉承“心贴心服务，急业主所急、想业主所想、做业主 24 小时的贴心管家”理念，不断将优质服务贡献于社会；为员工创造平台、为业主创造价值、为城市创造美丽、为社会创造和谐，以日臻完善的服务体系和先进科学的服务模式，致力于成为中国领先的幸福生活服务商。

业务范围

公司实施“多业务跨越式”发展模式，从提供基础物业服务，到完善生活服务体系，再到打造智慧园区服务体系，不断满足业主需求；哈密市巾帼家政职业技能培训有限公司、哈密市咨萱健康养老服务中心、哈密市创和文化传媒广告部等应运而生；已从单一的物业服务公司，发展成为集“物业服务、家政服务、培训服务、养老服务、广告传媒、商学教育”等业务于一体的多元化公司；为各大城市小区业主提供多、快、好、省的社区服务，满足用户的美好生活需要；依靠优质服务和业主口碑相传，成为受欢迎的智慧物业服务平台。

人才理念 >>>

公司重视人才培养，多年来坚持“放飞和成就员工梦想”的人才理念。过多年的发展，公司已经成为极具价值的物业人才培养机构，拥有一系列业化、系统化的培训模式，能够为社会输出高标准、高质量的优秀物业人才。

2013 年至今，公司累计投资 200 万元，用于员工学习和成长。目前公囊括各类专业和技术职称人员 300 多人，并培养了大批高效、进取、创新人才。

创新发展 

近年来，公司打破常规，从传统的物业服务模式，向智慧服务平台转型，力于打造哈密市首家智慧物业服务平台。

公司以物业服务为根基，搭建便民、惠民、利民 O2O（线上到线下）区生活一站式服务平台，利用智慧科技为业主提供大型综合服务和值得信的物业服务，真正让业主感受到省心、安心、贴心。

爱心公益 

一生只做一件事，让爱传遍万千家！公司始终坚持“让爱拥抱，让爱环绕”核心企业文化，在注重自身发展的同时，热心社会公益事业。

2015 年 1 月 5 日，公司董事会一致通过，将每月 20 日定为“哈密市谐物业爱心日”。公司的爱心团队组织了一系列爱心公益活动，其中包少数民族爱心帮扶、幸福村小学爱心捐助、孤寡老人免费就餐、关爱空老人、为老人免费剪发、关爱残疾人等，累计帮助 4000 余人。

除了举办爱心公益活动，公司还特别注重“精准扶贫”。截至目前，已帮助 500 名贫困人员再就业，获得了政府部门的认可和肯定。

关注社会公益事业，传递社会正能量，我们一直努力践行！

八好管理要点精选

整理好

核心要点：
区分物品的用途，清除不用物品，
存放待用物品，留存必要物品

口诀：整理分类做得好　工作效率步步高

整顿好

核心要点：
物品分类、明确标识、
分区放置、放置整齐、方便取用

口诀：整顿用心做彻底　处处整齐好管理

清洁好

核心要点：
清除杂物、清洁表面、
防止污染、及时清洁

口诀：清扫清洁坚持做　亮丽环境真不错

形象好

核心要点：
着装大方、语言规范、
妆容得体、仪态端庄

口诀：培养仪容仪态素养　提升文明服务质量

安全好

核心要点：
时常检查、做好预防、
安全规范、确保安全

口诀：安全是幸福的保障　治理隐患保障安全

维护好

核心要点：
完善制度、制定标准、
视觉管理、维护观念

口诀：制度规范有人负责　检查结果可以追踪

修养好

核心要点：
文明礼貌、尊老爱幼、
勤俭节约、力行美德

口诀：文明礼貌伴你我　中华美德我先行

学习好

核心要点：
博学多才、厚积薄发、
远见卓识、出类拔萃

口诀：学习是进步的动力　创新是成功的秘籍

物业八好管理

辛咨萱　邹金宏　编著

中国财富出版社有限公司

图书在版编目（CIP）数据

物业八好管理/辛咨萱，邹金宏编著. —北京：中国财富出版社有限公司，2020. 9

ISBN 978-7-5047-7193-3

Ⅰ. ①物… Ⅱ. ①辛… ②邹… Ⅲ. ①物业管理 Ⅳ. ①F293. 347

中国版本图书馆 CIP 数据核字（2020）第 126113 号

策划编辑 谢晓绚　**责任编辑** 周　畅
责任印制 尚立业　**责任校对** 卓闪闪　**责任发行** 杨　江

出版发行 中国财富出版社有限公司
社　　址 北京市丰台区南四环西路188号5区20楼　**邮政编码** 100070
电　　话 010-52227588 转 2098（发行部）　010-52227588 转 321（总编室）
010-52227588 转 100（读者服务部）　010-52227588 转 305（质检部）
网　　址 http://www.cfpress.com.cn　**排　　版** 宝蕾元
经　　销 新华书店　**印　　刷** 宝蕾元仁浩（天津）印刷有限公司
书　　号 ISBN 978-7-5047-7193-3/F·3179
开　　本 710mm×1000mm　1/16　**版　　次** 2021 年 6 月第 1 版
印　　张 12.5　彩页 0.5　**印　　次** 2021 年 6 月第 1 次印刷
字　　数 192 千字　**定　　价** 42.00 元

谨以此书献给从事物业管理的朋友们，愿大家人生美好、家庭和谐幸福、事业顺利！

序

我刚成立和谐物业的时候，首先想到的是物业服务的使命，因此我一直思索：我能为业主提供什么标准的服务？我能为业主创造什么价值？我能为同行创造什么价值？物业服务的本质是什么？

十几年来，我是幸运的。我一直坚持做物业管理和物业人才教育培训，持续推动物业八好管理落地，越做越有经验，并且爱不释手，我觉得这是值得奋斗一辈子的理想和目标。

企业家都讲梦想。所谓梦想就是找到一件幸福的事，它是一种持续的动力，让人心甘情愿为之奋斗。打造一所物业行业“黄埔军校”，打造极具价值的物业人才培养机构，在这里学习的物业人将物质丰盈、精神富足，这是我的初心和梦想。

产生于1981的中国物业管理行业，经历了近40年风风雨雨后，正在并将继续发挥不可取代的作用，造福人类，造福社会，其发展空间无法估量。但是物业服务与管理的基本问题仍然存在，如专业化低、规范化低、公信力低，物业管理人才短缺、管理不规范、服务不到位，业主投诉呈逐年上升趋势，纠纷经常发生，影响社会的和谐稳定。

每次看见业主幸福的眼神和笑容，我特别开心，我觉得这是我最大的幸福，因此，我常常勉励自己要怀着一颗感恩之心。从公司成立之初，我就一直坚持倡导“让爱拥抱，让爱环绕”的核心企业文化，正是因为我们对事业的爱，广大业主对我们的爱，浓烈的爱与被爱让我们紧紧联系在一起。我做了一个决定：把物业管理的经验和心得编写成书，分享给大家，让物业管理有规范，让物业服务有标准；让更多的同行少走弯路，让同行共同为社会提供高质量的物业服务；让更多的业主受益，让更多人幸福快乐。

人的一生是非常短暂的，一个人的价值不在于拥有什么，而在于做了什么，能给他人提供什么。人生在世，总不能白活。我会继续将这份事业进行下去，不断求知探索，培养和发掘人才，用行动传递物业服务理念，让每位业主都认识物业人，让业主和物业人之间不再陌生、不再对立，而是相互帮助、共同提高，让微笑多于冷漠，让每个人心中都充满感恩和爱，打造其乐融融的生活居住环境。

今天我再次把梦想写下来，刻在自己和团队的心里，我和我的团队将持续推动物业行业健康发展。

我梦想有一天，

和谐物业能为业主提供值得信赖的服务，真正让业主感受到安全、便捷、智慧的生活服务，成为受欢迎的智慧服务平台。

我梦想有一天，

和谐物业成为高端物业人才培养机构，成为受欢迎、人人想进来的商学院，在这里学习的人将得到成长。

我梦想有一天，

和谐物业能成为受欢迎的智力输出平台，输出高质量的物业服务人才，帮助 1 万家物业服务企业转型升级。

我梦想有一天，

和谐物业创造 5 万个家政就业岗位，帮助广大劳动力就业，成为他们释放才华的舞台；帮助 1 万名女性创业，让她们更好地实现人生价值，引领新时代潮流。

我梦想有一天，

和谐物业成为极具品质的健康养老生态基地，用员工的“爱心、孝心、敬心”托起老年人的幸福晚年，让老人们享受优质服务和精神慰藉，给老人们一个幸福家园。

我梦想有一天，

和谐物业能让人们海阔天空地想、脚踏实地地干、幸福美满地生活，物质丰盈，精神富足，梦想成真！

我深知，现在做的这些还远远不够，要走的道路还很漫长。但是我非常有信心，脚下的路有千万条，行业发展的路只有一条，那就是充满信心、精益求精、始终如一、坚持不懈，努力追求更高目标，为业主提供极致的物业服务，真正让业主感受到安全、便捷和智慧的生活，做到专业化、标准化、流程化，让物业行业有源源不断的人才，提供物业服务标准和规范，推动服务行业转型升级，打造智慧社区，助力智慧城市建设。

本书是 2015 年出版的《物业六好管理》的更新版，在此感谢大家对我的支持和帮助。编写本书的过程中，我参考了前人的部分文献资料，在此一并表示感谢。

辛咨萱

2020 年 10 月 11 日

目录

第一章　八好管理简介／ 1

一、什么是八好管理／ 3

二、八好管理的应用与历史／ 4

三、物业八好管理 7 个目标／ 7

四、物业八好管理 10 个作用／ 7

五、八好药方解难题／ 9

六、八好管理原则／ 10

七、八好管理口诀／ 11

八、八好管理 64 条标准／ 11

第二章　整理好／ 19

一、整理好简介／ 21

二、整理好的 10 点实操／ 21

三、整理的流程／ 27

四、整理小提示／ 27

第三章　整顿好／ 29

一、整顿好简介／ 31

二、整顿好的 10 点实操 / 32

三、整顿实操图例 / 39

第四章　清洁好 / 45

一、清洁好简介 / 47

二、清洁好的 10 点实操 / 48

三、主要保洁方法的掌握 / 52

四、爱护公共卫生倡议书 / 56

五、保洁员工作标准 / 58

六、监督管理 / 60

七、清洁操作标准 / 61

第五章　形象好 / 71

一、形象好简介 / 73

二、形象好的 4 点实操 / 73

三、员工形象好 / 74

四、绿化好 / 77

第六章　安全好 / 81

一、 安全好简介 / 83

二、安全好的 10 点实操 / 84

三、物业安全管理的常见事项 / 85

四、紧急事件处理 / 88

五、装修现场消防处理案例 / 89

第七章　维护好 / 91

一、维护好简介 / 93

二、维护好的 10 点实操 / 93

第八章　修养好 / 111

一、修养好简介 / 113

二、修养好的 7 点实操 / 114

三、操作中的 2 点提示 / 117

四、物业管理行业职业道德 / 118

五、物业管理服务中的四勤和五要 / 121

六、修养小论 / 121

第九章　学习好 / 123

一、学习好简介 / 125

二、学习好的 3 点实操 / 130

第十章　八好管理推行实用手法选 / 137

一、实施八好管理的 9 个步骤 / 139

二、PDCA / 147

三、目视管理 / 151

四、推行八好管理的标语 / 155

五、八好活动表格：时间管理安排 / 156

六、八好活动表格：八好审核纠正 / 157

七、有利于实施八好管理的辅导课——执行力 / 158

第十一章　物业管理常识与技能 / 163

一、什么是物业管理 / 165

二、物业管理的内容 / 165

三、物业管理的基本环节 / 167

四、发展物业管理的意义与作用 / 169

五、物业管理歌 / 171

六、客服工作介绍 / 171

七、安全保卫服务介绍 / 174

八、保洁工作介绍 / 176

九、办公室八好管理细则 / 178

参考文献 / 183

附　录　物业管理“三”字经 / 185

后　记 / 186

第一章
八好管理简介

八好管理推行方针：整理现场物品；提升人员修养；改进现场管理。

改善效率、品质、形象、能力和修养，做到安全卫生，提升企业竞争力。

一、什么是八好管理

好，是指某一动作、现象或状况达到理想的状态。

什么是八好管理呢？八好管理指对生产或者工作现场的机器、材料、环境做全面整理、整顿、清洁、维护，对现场工作人员进行培训、提高其修养等，简称为八好。这些内容有机组合在一起，便构成一个有利于企业品质提升、良好运营与发展的管理体系。其原理是整理→整顿→清洁→形象→安全→维护→修养→学习。

为了让更多的物业管理企业贯彻这种先进的管理理念，并以此提高业主的生活质量，我们探索总结了适合物业管理企业的物业八好管理内容。

物业八好含义如下。

1. 整理

去不用物，存放待用物，留必要的物品。

2. 整顿

物品分类，放置整齐，取用方便。

3. 清洁

清除垃圾，防止污染，达到清洁、干净、亮丽的状态。

4. 形象

打造人、物业与环境三方面的优良形象。

5. 安全

做好预防，时常检视，达到人、财物与环境三方面安全。

6. 维护

善用制度和视觉管理，与时偕行，贯彻执行和维护前几个环节的成果。确切地说，维护活动还包括利用创意更好维护成果。

7. 修养

力行美德，检查修正，遵守八好，文明礼貌，沟通合作，利企利民。

8. 学习

与时俱进，终身学习。

以自觉遵守规则为基础，做好本职工作，利家利企，进而利天下。

八好管理是一种以良好结果为导向的管理技术，有利于实现优良服务、优良环境、人员的优良品质与优良修养。

八好管理是一种简单而又意义重大的，能够提升形象、品质与效益，融合古今、中西的卓越管理方法。

八好管理着重于现实、现场、现物，以提升物业管理者修养为终极目标。它通过改变现实、整理现物、规范现场来创造一个整洁、有序、安全、美丽和有品位的居住、生活环境，帮员工养成认真对待每一件事、每一个细节的良好习惯，造福众多服务对象，从而塑造令人尊敬的物业管理者形象，打造追求完美的企业精神。

八好管理能改善效率、品质、形象、能力和修养，做到安全卫生，提升企业竞争力。

八好管理是一个利民、利家、利企、利国的好技术。希望这一技术能在全国得到推广应用。

二、八好管理的应用与历史

八好管理，源于之前的六好（6S）管理或者五常（5S）管理。6S 管理目前在国内得到了广泛应用，估计推广与实行的企业在 100 万家以上，其理念在工业、服务业，学校、家庭都有体现。在国外它也被广泛应用。值得关注的是，很多卓越企业在应用它，也因此而变得更加卓越！

八好的叫法是有积极意义的，好是结果，以好为名，有利于传达好的引导信息，时常提起或实践它，有利于形成潜意识，促成良好结果导向思维。

一种管理系统往往不是突然出现的，如果探索它的起源，你会发现它有很久的历史，或者说原本就存在于“宇宙的某一地方”，正如一位科学家说的：

我认为我的发明，像在海滩上捡到的美丽的贝壳或者珍珠，原本就是存在的。但不可否认，部分人在实践或者总结中付出了较大努力，应予肯定。今日我们得以参考而有所收获，对一切帮助心怀感激。

据有关资料记载，在中国，八好相关的概念历史悠久，人们在日常生活中便有所运用。《礼记》中有“凡内外，鸡初鸣……洒扫室堂及庭”的记载，说明当时人们就已开始运用“清洁好”，管理室内和庭院了。学习好、修养好更是古今人类极为重视的大事。

《朱子家训》明确提到安全管理方面的内容为“既昏便息，关锁门户，必亲自检点”，清洁方面的内容为“黎明即起，洒扫庭除，要内外整洁”。

《弟子规》中有关于物品整理、整顿的内容，如“置冠服，有定位，勿乱顿，致污秽”。这本书在中国乃至亚洲传播很广，影响很大。

特别有趣和让人有点惊讶的是，早在明代，人们已经懂得运用“一套工具”的整理方法，而且其携带方便，制作工艺精致。南京中华门外将军山明黔国公沐睿墓出土的一件实物就令人印象深刻，这件器物为金质，外观为细圆管状，其上錾刻景物山水，纹饰精细复杂，有人物、山水、松竹梅、凤凰等，管内装有耳挖、挑牙、镊子和柄状小勺四样卫生用具。外管上方是长长的金链，各样卫生用具均连于金链一端，可随身携带，管下端有圆盖，不使用时可连同金链全部装入管内，以保证卫生；金链的另一端呈如意云头状，便于系在衣带上（见图 1–1）。

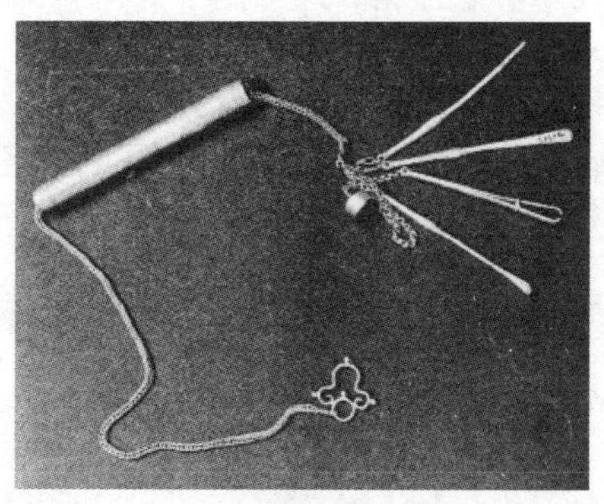

图 1–1　明代卫生用具

1981年2月，全国总工会、共青团中央、全国妇联等九个单位，联合发布《关于开展文明礼貌活动的倡议》，在全国人民，特别是青少年中开展文明礼貌月活动，宣传“五讲四美”。“五讲”即讲文明、讲礼貌、讲卫生、讲秩序、讲道德；“四美”即语言美、心灵美、行为美、环境美。此后，这项活动又和“三热爱”（热爱祖国、热爱社会主义、热爱共产党）活动相结合。于是，从城市到农村，“五讲四美三热爱”活动迅速开展起来。这一活动影响较大，活动中提到清扫、修养等内容。回顾过去，思考今天，我们打心里希望企业的工会和有关部门能像当年重视“五讲四美”般倡导八好管理，汇聚精英创作出卓越的管理理论。

1955年，日本有些企业针对物品管理提出“安全始于整理整顿，终于整理整顿”的2S内容。当时只推行了这两个S，其目的仅是确保作业空间充足和安全。后因生产和品质控制的需要又提出了“清扫、清洁、素养”的3S内容。1986年左右，日本的5S著作问世。

1994年，何广明教授始创“五常法”概念。何广明教授在日本研究优秀企业的时候，发现了5S在其中所起的巨大作用。1994年，他整理出了基于5S的优质管理方法——五常法，即“常组织、常整顿、常清洁、常规范、常自律”。由此，也开启了“五常”“六常”的叫法。

大约在1995年，海尔开始推行6S管理，即增加了“安全”这一内容。1999年，海尔在美国南卡罗来纳州开办工厂，将6S大脚印从青岛推广到了美国。6S大脚印做法有两种，一是工作表现不佳的员工要站在6S大脚印上反省自己的不足，海尔称这种做法为“负激励”。二是工作表现出色的员工站在大脚印上介绍自己的工作经验，海尔叫它“正激励”。

总的来说，八好管理源于世界，重视者将它用于管理，得到好效果，精进者将它加强，创新者对它补充。

三、物业八好管理 7 个目标

1. 安全（Safety）——事故发生率降至最低，甚至为“零”

如：确保工作环境安全及卫生；工作场所保持整齐清洁；减少意外发生。

2. 效率（Productivity）——30 秒内取放物品

如：建立团队精神，促进同事间的互相了解，改善沟通；妥善存放物品；减少因寻找物料及工具等影响工作进度。

3. 卫生（Hygiene）———流的清洁卫生

如：确保工作环境及物业卫生；确保各用具清洁；保证物业楼层出入厅地面光洁明亮。

4. 品质（Quality）——顾客 100% 满意

如：打造优质的物业服务、美观的环境。

5. 形象（Image）——营造优质物业标准

如：做好绿化，打造优美的环境、良好的形象。

6. 修养（Culture）——有修养，遵守规则，有礼貌

7. 学习（Study）——与时俱进，保持良好的工作能力、适应力

总的来说，物业通过八好管理塑造一个整洁明亮的现场环境，培养员工优良的工作习惯；改善效率、品质、形象和修养，提升服务质量。

四、物业八好管理 10 个作用

八好管理是有效的日常管理方法，正确应用它会产生良好的效果，让物业企业变得优秀和富有生命力，让受服务的对象更满意。八好管理看似平常，但只要你了解它，重视它，用好它，它就会产生神奇的作用。

它有以下 10 个作用。[①]

---

① 何广明．优质管理五常法［M］．广州：广东经济出版社，2008.

1. 改善环境

创造一个整洁、舒适的环境。

2. 有利于家政标准化的推行

常维护与修养，自然有利于规范的推行。

3. 保证质量

规范操作将会减少工作过程中的失误，从而减少不合规情况的发生；员工养成做事认真、有序的习惯，是保证质量的前提。

4. 生意提升

品质、形象等得到提升，从而提升生意。顾客对企业满意，更愿意与企业合作。

5. 有利于安全

安全来自日常的预防和维护。

6. 降低成本

通过全面实施节约管理，减少能耗和物料浪费，最大限度节约，降低综合成本。

7. 提高效率

良好的环境和气氛，良好的人际关系，有助于员工提高工作热情，集中精力，提高工作效率。良好的工作环境将要求工作有序而严谨。物品摆放有序，也会使工作效率提高。

8. 提高士气

改善人际关系和创造出快乐的工作氛围。

9. 提升员工的修养

提升员工的整体修养水平。

10. 保持良好的工作能力、适应能力

帮助员工保持良好的工作能力、适应能力。

八好管理不仅对企业管理与发展有利，对员工、客户也是有利的。

员工方面：一是好的做法得到赞赏，心情愉快，自豪感、归属感增强。二是自己可以掌握最新的管理法则，个人增值，从中学到很多有用的知识。例如，员工掌握方法以后回家自己做起八好管理，让家里整洁美丽，家人高兴。三是有了更多晋升和奖励的机会。企业发展可以带动员工晋升和奖励，企业没有发展，员工也就没有晋升机会了。

客户方面：一是为客户提供优良环境；二是提高客户的满意度。

五、八好药方解难题

1. 相关“症状”

你有下列“症状”吗？

（1）急找东西，心里烦躁。

（2）桌面凌乱，工作不便。

（3）积物堆满，心情压抑。

（4）穿着不整，难登大雅。

（5）找件东西，翻遍抽屉。

（6）环境脏乱，情绪不佳。

（7）茫无头绪，延误事务。

（8）仓库混乱，账物不符。

（9）东西杂乱，占用空间。

（10）设备积尘，备件满地。

（11）道路堵塞，无法通过。

（12）厕所恶臭，掩鼻而入。

综合以上种种不良现象，可以看出，不良现象均会造成浪费，这些浪费包括资金的浪费；场地的浪费；人员的浪费；士气的浪费；形象的浪费；效率的浪费；品质的浪费；成品的浪费。因此想打造一个有效率、高品质、低成本的企业，第一步就是要重视“整理、整顿、清洁”的工作，并彻底地把它们做好。

对以上这些“病症”，我们开出了一个药方，药方名叫“八好管理”。

2. 八好管理说明书

在应用中，有人将八好管理比作“经典药方”。

八好管理说明书①

成分：整理、整顿、清洁、形象、安全、维护、修养、学习。

适用范围：

（1）物业管理、城市管理、企业管理。

（2）生产场所、住宿房间、仓库、办公室、服务区、其他公共场所。

（3）社会道德、人员能力与思想意识的管理。

用法：内外兼服。用心听、看和参与即可。具体请参见后续说明。

效能：专治脏、乱、差、浪费、欠修养等症。消除各种问题（隐患），强壮体魄，提高免疫力。对诸多“疑难杂症”均有效。有病治病，无病强身，无副作用，请安心使用。

注意事项：开始“服用”后，请持续，不要中途停止，以免中断“药效”。

六、八好管理原则

八好管理原则具体内容如下。

（1）好结果导向。

（2）管理现场化。

（3）工作标准化。

（4）一次就做好。

---

① 辛容萱，邹金宏．物业六好管理［M］．北京：中国财富出版社，2015.

（5）简洁就是美。

七、八好管理口诀

口诀一：

不用的东西清理掉，物品和位置要对号；

每人的分区常清扫，线条和颜色是法宝；

透明的总比暗的好，一眼看穿效率高；

时时刻刻用八好，从我做起最重要。

口诀二：

八好管理并不难，高层部署中层干；

全员参与是关键，建立标准在初期；

定期巡检要跟上，奖罚措施要执行；

人才育成是核心，持续改善是引擎。

八、八好管理 64 条标准

1. 整理好——物品和事情都是必要的（见表 1–1）

表 1–1　　整理好的标准

典型活动	八好标准例子
1.1 清理物品，对必需品和非必需品进行分类，区分“要”和“不要”	处理非必需品，如过量或损坏的物品、过期的用品；管理需要的物品；通道避免充斥着不常使用的杂物及遗留无用的物品；经许可丢掉不需要的物品或将其回仓
1.2 环保与节约	垃圾环保分类处理；可以用的物品循环再用
1.3 需要但缺少的及时补上	做好清洁毛巾、扫把、挂物钩的申购与配备

续表

典型活动	八好标准例子
1.4 集中存放	水杯、餐具、伞、鞋、外套需集中存放，以单一为主；有私人物品集中存放的设备、设施；私人物品有序集中摆放
1.5 物品根据需要的低、中、高用量或重量进行分类分层存放	使用频率高的放置于外侧或中间层；使用频率低的放置于低层或高层；体积大、重量大的物品放置于低层
1.6 循环整理	每天下班要整理
1.7 设计一天工作计划表和排序	制订每天的工作标准流程表
1.8 一整套工具	有一套清洁用具
1.9 一小时会议	每周组织一小时左右的工作会议
1.10 一站式服务	收费，帮客户解决问题

2. 整顿好——物品分类，放置整齐（见表 1–2）

表 1–2　　整顿好的标准

典型活动	八好标准例子
2.1 分析现状	明白原因与对策，如物品堆放在一起—分类整理；物品拿取不方便、名称不清—标识整理
2.2 物品有一个清楚的名字和家	物品有明确的名字与存放地点指引
2.3 容器要合适	物品摆放有合适的容器，并以不妨碍取其他物品为准
2.4 物品摆放整齐	对物品的摆放，要讲究整齐美观
2.5 存档控制表	物品有存档总表及存档期限或最高最低量指引
2.6 明确先进先出的安排（物流和人流）等	明确清洁用品的可用期限、使用次序及先进先出的安排

续表

典型活动	八好标准例子
2.7 标识方法	有开关标识等
2.8 现场指示标识	用具操作标准提示；所有分区 / 出口 / 厕所 / 房间均有清晰的指示牌
2.9 整洁的通告板	通告板有独立标题及编号，负责人定期更换指引
2.10 30 秒钟内可取出和放回物品	工具分类分层摆放，易于取放

3. 清洁好——干净亮丽（见表 1–3）

表 1–3　　清洁好的标准

典型活动	八好标准例子
3.1 工具要识别	了解、掌握一些工具的使用要领
3.2 认识常用清洁剂	相关员工要认识常用清洁剂
3.3 避免重复清洁，检查容易（如合适的地砖和离地 15 cm）	物品存放架尽量离地 15 cm 或以上；下班后台面、柜面除有特别的标签以外，不可放其他物品
3.4 清洁有方法	对木器用干的抹布
3.5 制订清洁检查表	有清洁检查表及有关问题跟进负责人
3.6 员工本身也要做到清洁	注意个人卫生
3.7 员工时刻遵守“常清洁的诺言”	例如：我不会使物品变脏
3.8 清洁隐蔽地方	例如：清洁风槽顶；转角及有门、盖的隐蔽地方
3.9 清洁用具的清洁	扫把也干净
3.10 地面保持光洁、明亮、可照人	地面保持光洁状态

4. 形象好——人与环境，优良形象（见表 1–4）

表 1–4　　形象好的标准

典型活动	八好标准例子
4.1 本身良好形象	如穿着整洁、得体
4.2 环境美化	做好绿化，维护良好的整洁环境
4.3 良好的礼仪	讲礼仪，举止美，工作服穿着规范、干净；头发、指甲等符合得体标准
4.4 微笑	时常保持微笑

5. 安全好——让人身与财产安全（见表 1–5）

表 1–5　　安全好的标准

典型活动	八好标准例子
5.1 完善安全管理措施	制定现场安全作业标准；建立应急措施和防损制度；有搬运重物的安全指引；设置急救药箱等
5.2 对设备进行安全操作标示	采用易懂的图片形式进行标示；可能造成伤害的机器一定要有清晰的操作指引
5.3 设“紧急出口”标志和安全疏散指示	各分区张贴逃生路线图、紧急事故应变指引
5.4 掌握紧急呼救基本知识	有火情发生时应立即拨打电话“119”；有违法事件时应立即拨打电话“110”
5.5 防止感染等卫生安全事件发生	垃圾桶加盖
5.6 隐患及时消除	定期检查煤气管道
5.7 安全知识有教育	知晓安全常识；定期开展处理紧急情况（例如火警、急救）的训练
5.8 需消毒场地或者工具按规范清洗消毒	有消毒设备或者对应做法

续表

典型活动	八好标准例子
5.9 灭火器及其他安全设施应在指定位置放置并处于可使用状态	设置急救药箱并明确位置，定期检查急救用品及消防设备
5.10 建立安全环境	为防滑倒，装修地板时多采用防滑砖；有用电安全提示；为减少行走中的碰撞，鼓励“轻轻靠右走，重客又敬友”

6. 维护好——通过规范视觉管理等维护成果（见表 1–6）

表 1–6　　维护好的标准

典型活动	八好标准例子
6.1 制定责任制度、检查标准	责任划分明确，使整理、整顿、清洁、形象、安全有人负责，检查时可以追究；有检查标准表
6.2 现场工作指引（工作注意事项或提示）	各项设备有清晰的操作指引；有节约能源提示
6.3 时常检查摆设、清洁、安全情况，及时纠正不达标现象	做到每天收工时检查
6.4 记录对与错	有记录，时常分析改善工作
6.5 制定奖惩制度，加强执行	有通告栏，公示奖惩，以警示和激励
6.6 目视管理	例如不同用途的清洁毛巾分颜色管理；不同卫生责任区域用不同颜色标出；有各部门颜色分区图
6.7 养成维护的观念和习惯	坚持四不：不放置不用的东西；不弄乱；不弄脏；不违反安全操作。通过管理，纠正业主不良习惯，防止“脏乱差”现象的发生
6.8 有清晰的部门 / 办公室的标签、名牌和工作证	有清晰的工作证、部门名牌
6.9 环境好且杂物少	在适当的位置摆放盆栽、绿植；保持简单、舒适、安全及透明度高的工作环境

续表

典型活动	八好标准例子
6.10 开辟八好宣传栏，设置八好博物馆（包括改善前后对比的照片）	展示八好活动的记录，如照片、审核记录及培训记录

7. 修养好——养成良好习惯和品德（见表 1–7）

表 1–7　　修养好的标准

典型活动	八好标准例子
7.1 履行个人职责	明确自己的岗位职责与工作标准，问责和守时
7.2 遵守职业道德	忠于职守，对工作积极负责
7.3 内省活动，修己以利企利世	用良好的品德来指导、检查自己；提升自身修养，有责任感，关心他人
7.4 正确做好人际交往与沟通	坦诚、恭敬、宽容、欣赏与赞美他人；服务工作中应尊重并多征求业主的意见；沟通有法，达到和谐
7.5 组织架构和企业核心文化宣传物放在易见处	有明确的企业核心文化表达
7.6 定期审核（最少每季度一次）	确定八好日和内部审核日（建议每月八日为八好日，八月八日为年度重要审核日）
7.7 日事日毕，日清日高	完成每天的工作清单，下班前检查每天的工作清单是否完成；做好准备、归位

8. 学习好——与时俱进做好工作（见表 1–8）

表 1–8　　学习好的标准

典型活动	八好标准例子
8.1 学习是常态	有自己的八好管理资料，跟进学习；了解八好的基本定义

续表

典型活动	八好标准例子
8.2 每日精进，每天应有班前会，负责人应有小结	总结进步，精益求精；有晨会（沟通、落实工作）；问哪些工作可以做得更好
8.3 三学	跟人学、跟事学、跟书学

第二章
整理好

对物品进行整理，判断必需与非必需的物品，舍弃不用的物品，存放好待用的，留存必要的。

一、整理好简介

1. 含义

对物品进行整理，判断必需与非必需的物品，舍弃不用的物品，存放好待用的，留必要的。将保存的物品分层管理，要点在集中存放及尽量减少存量，“一是最好”之运用。

2. 主要内容[①]

整理工作主要包含以下三个方面的内容。

不要物处理——清除不需要的物品。

需要物处理——保留需要的物品。

补充物处理——补充需要但没有的物品。

3. 目的[②]

（1）腾出“空间”。“空间”的概念是整理工作的精髓，要充分并有效地利用物理空间。

（2）防止误拿、误用。不要物的存在容易使物品堆放混乱，出现误拿、误用的现象，既耽误了工作，又浪费了资源。

（3）塑造清爽的环境。环境的有序和美化能使人保持愉悦的心情，从而有利于提高效率，提高生活品质。

（4）整理对于人，指要去除杂念，留存善念，工作时专注于当下所做的事。

二、整理好的10点实操

1. 清理物品

（1）对必需品和非必需品进行分类，区分“要”和“不要”（见表2-1）。

---

① 邹金宏．现代餐饮六好管理实操［M］．广州：广东经济出版社，2012．
② 同①．

表 2–1　　　　　　　　必需品与非必需品

必需品	非必需品
可正常使用的办公用品、文件、文具、清洁用品	不能使用的办公用品、文具
会议使用的投影仪、话筒等	过期的文件、展板
秩序维护人员随时携带的对讲机、手电筒、警棍	不能使用的工具、设备
保洁人员使用的清洁工具	办公区域、小区内的废纸、油污、灰尘
工程技术人员维修使用的设备、工具等	墙壁、拐角的蜘蛛网

① 必需品。经常使用的物品，如果没有它们，就必须购入替代品，否则会影响正常的工作。虽然有一年以上没有用过，但是预计某个时段会使用的物品。

② 非必需品。使用周期较长的物品，即 1 个月、3 个月，甚至半年以上才使用一次的物品，可放回仓库；坏掉的东西；对目前的工作无任何积极作用的，需处理的物品。

办公物品摆放实例如图 2–1 所示，文件清单如图 2–2 所示。

图 2–1　办公物品摆放实例

文件清单

序　号	名　称	数　量	备　注
1			
2			
3			
4			
5			
6			
7			
8			
9			

图 2–2　文件清单

（2）处理非必需品，如过量或损坏的家私、用具、杂物，过期的用品。

要定期对所管理部门的物品进行清理，及时抛弃已损坏的物品、过期的用品，将长时间不需要使用的物品收进贮物室或者指定的地方进行回仓处理，以免这些物品占据空间、影响整洁，避免安全事故的发生。通道避免充斥着不常使用的杂物及遗留无用的物品。

非必需品处理流程如图 2–3 所示。

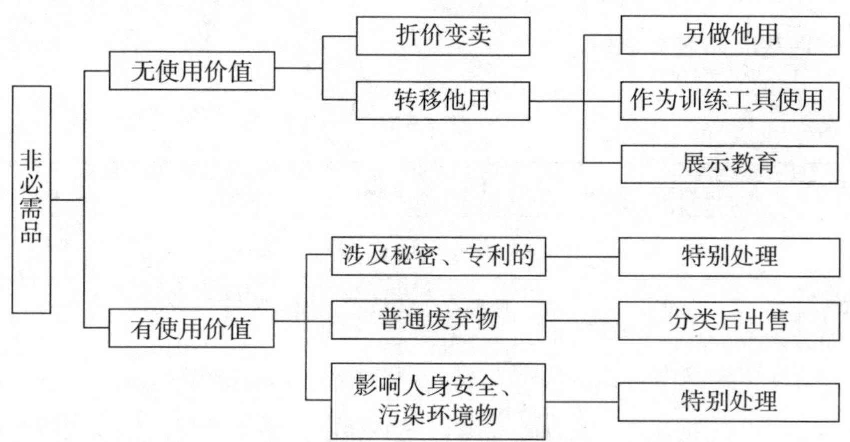

图 2–3　非必需品处理流程

明白什么是非必需品之后，实施清查，详细列出不要物清单。不要物清单的书写要点有两个：一是列明具体位置，即区域划分要细致；二是物品描述要清楚。

物业管理中整理的不要物如下。

废弃无使用价值的物品；

不使用的物品、多余重复的零件和物品；

造成工作不便的物品；

多余重复、无存档价值的文件资料；

过期的活动用具、装饰用品、宣传海报；

无修理价值、损坏的电器、配件；

与工作无关的私人物品。

不要物清单确定后，各负责人审核。审核的目的是防止资源浪费，杜绝需要的物品被清理掉。

当然，如果不要物数量很少，也可以采用口头报告的形式进行沟通。

处理时选择妥当的方法，此时要重视业主家庭给出的意见。

处理方法确定之后，各项目组要发动全体员工一起进行不要物处理。

（3）管理需要的物品。

整理基准如表 2–2 所示。

表 2–2　整理基准

类别	使用频次	基准	备注
必需品	每小时	放在工作台上或随身携带	
	每天	现场存放或放在工作台附近	
	每周	现场存放	
非必需品	每月	仓库储存	定期检查
	三个月	仓库储存	定期检查
	六个月到一年	仓库储存	定期检查
	可能会使用	仓库储存	定期检查
	不再使用	废弃，变卖	立刻清理

（4）回仓或存放。

对长时间不用的具有使用价值的物品进行回仓或存放。如因换季而暂时不用的物品：冬天的棉衣、暖气机，夏天的风扇、凉席等。

2. 环保与节约

建议垃圾环保分类处理；可以用的物品循环再用；电池不能与普通垃圾混放。

在处理中垃圾可分为纸质类、塑胶类、食品类、金属类等，可以进行分类销售或者交有关部门处理。

3. 需要但缺少的及时补上

例如要及时进行清洁毛巾、扫把、整理盒、挂物钩的申购与配备。

在对物品进行清查，确定必需品和非必需品的过程中，还会发现有些实际需要但是缺少的东西，这些就是应该补充的物品。

4. 集中存放

应集中存放的常见物品有水杯、餐具、伞、鞋、外套、工具。要求有私人物品集中存放的设备、设施，私人物品有序集中摆放。

应具备工具箱如五金工具箱（钳子、锤子等）、药品箱（创可贴、温度计、酒精、纱布、棉签等），家用电器的维修卡，清洁用品箱（肥皂、洗衣粉、消毒液、地板蜡），服务通信录（物业电话、送水电话等）等要集中存放。[①]

另需注意：为了避免个人物品过多而存放不方便的情况出现，工作场所个人物品要减至最少。

5. 物品根据需要的低、中、高用量或重量进行分类分层存放[②]

（1）使用频率高的放置于外侧或中间层。

（2）使用频率低的放置于低层或高层。

（3）体积大、重量大的物品放置于低层。

6. 循环整理

整理是一个永无止境的过程。现场每天都在变化，昨天的必需品今天可能是多余的，今天的需求与明天的需求可能有所不同。整理贵在日日做、时时做；偶尔突击一下，做做样子的话，就失去了整理的意义。因此，常整理是实施八好管理的重要步骤之一。

---

① 安子新家政 . 家居五常法［EB/OL］.（2013-01-13）［2020-07-01］.http://www.docin.com/p-580360148.html.

② 五常管理制度［EB/OL］.（2012-12-12）［2020-07-06］. http://www.doc88.com/p-188696934066.html.

7. 设计一天工作计划表和排序

首先结合物业工作的实际情况，制订一套实用高效的工作计划表。物业工作基本上都是以一天为周期，每天的工作基本上都有规律。然后结合每周与月的安排，内容不多的话可以备注的形式放于表后。这样能更好完成工作。工作计划如表 2–3 所示。

表 2–3　　工作计划　　姓名：　　年　月　日

时间	工作内容

8. 一整套工具

一整套工具有两层意义，一是让工作人员明确都要准备哪些常用工具，二是告诉工作人员，物品要坚持“一是最好”原则，尽可能不要重复，即以够用为原则。

9. 一小时会议

如每周组织一个大概一小时（这里是指用较短的时间进行有效沟通，一分钟、十分钟都可以）的工作会议。会议守则：准备议程、准时开会、关掉手机、发言精练、准时结束。

10. 一站式服务

一站式的意思是服务有序、周到，让人顺心和觉得有效率。

要点是，自己多学习，多掌握相关知识，多一点主动工作，予以他人方便。

可以提供的一站式服务如下。

① 电话咨询———一定要清楚各项服务内容。

② 客户投诉——明确处理流程和原则。

③ 顾客失物——上报，上交、认领管理。

三、整理的流程

整理的流程为：现场检查—区分必需品—分类—清理非必需品—每天循环整理—改善。

四、整理小提示

1. 非要物即为不要物

在不要物的处理过程中，容易犯的一个错误就是看什么东西都觉得好，都不舍得丢。对自己曾经拥有或使用的东西不忍心放弃，这是人之常情，所以在开展此项工作时，应持的态度是“坚决处理”，掌握的原则是“非要物即为不要物”，对于拿不准的物品要坚决清理掉。[①]

2. 需要与想要的区别

现实中，人们主观上总是想要收集物品，许多人混淆了客观上的“需要”与主观上的“想要”的概念。他们从一开始就在犯错误，在保存物品方面总是采取一种保守的“以防万一”要用的态度。但管理者做出决定是很关键的，要明确哪些物品是必需的。不是客观上必需的物品就应扔掉，是客观上的必需的物品就应弄清需要的数量，而把多余的物品扔掉或存起来，如果是借来的物品，就应该将它们归还给物品的主人。

---

① 孙少雄，孙宝东 . 服务业 5S 精益管理：品质改善利器 [M] . 北京：机械工业出版社，2010.

正确的价值意识是注重“使用价值”，而不是“原购买价值”，有些物品可能买时很贵，但现实中用不着，可还是有不少人认为它们很有价值，一直放着“占地方”。

3. 从易到难逐步整理[①]

有时不能一次整理完，就分次整理，从易到难是一个很好的方法。

4. 从凌乱根源着手[②]

源头治理是根本。凌乱根源的例子有未及时舍弃无用的物品；未定期整理、清扫。

5. 整理思想，去除杂念

“整理”一词，不仅可以用于物品与环境，也可以用于思想。人变得有修养，有三个要点：去除不必要的知识和观点，存留良好有用的，学习与补充必要的。

当今世界，人们创造了大量物质与观点，有好些观点是不怎么必要的，当以智慧心辨别，科学进行取舍。

简洁往往是大美，而世界有时又是包罗万象的。企业应根据自己的实际情况，有智慧地进行整理，创造出优雅的环境。

① 辛咨萱，邹金宏 . 物业六好管理［M］. 北京：中国财富出版社，2015.

② 同①.

第三章
整顿好

对整理之后留下的物品分类，放置整齐，以方便取用。

一、整顿好简介

1. 含义

对整理之后留下的物品分类，放置整齐，取用方便。旨在用最短时间可以取得或放好物品。顿是处理、安置的意思。

整顿是从流程合理化的角度来考量的，包括以下三层含义。①

（1）物品要按规定定位。在现场，每一件物品都必须放置在正确的地方，在需要的时候可立即取用。规定每一件物品应有一个特定的位置。

（2）定位以后，要明确标示物品的状态。例如，要明确地面上的标线，是否正确地标示出来，通道上有没有障碍物。整顿做得好的话，如果物品没有定位，就很容易看得出来。

（3）物品用完以后要回归原位。

2. 主要内容

（1）定点、定容、定量。

（2）明确物品的标识。

（3）坚决贯彻按确定的区域、方法存放各类物品的原则。

3. 目的②

整顿是整理工作的深化。如果说整理是为了营造干净、清爽的环境，那么整顿就是在此基础上使其更加有序化、合理化。整顿的目的表现在以下四个方面。

（1）节省存放与寻找物品的时间，从而提高工作效率。

（2）使流程更加合理化。

（3）营造符合“目视管理”（一眼看得懂的管理）的工作环境，让工作场所一目了然。

（4）消除过多的积压物品，这是提高效率的基础。

---

① 辛咨萱，邹金宏. 物业六好管理［M］. 北京：中国财富出版社，2015.

② 同①.

整顿的主要改善对象是时间。生活中最大的时间浪费在于“选择”“寻找”所花费的时间，即无整理、无定位、无标识、无归位的“四无”所造成的浪费。因此，整顿要形成任何人都能明白所需物品在何处的环境状况，一目了然。[①]

二、整顿好的10点实操

1. 分析现状

（1）分析实际情况，如物品的取用是否方便，不方便的原因是什么，用什么方法可以解决。

以下是取物品时的一些典型问题。[②]

① 不知道要取的物品叫什么，盲目寻找。

② 多种物品混放，未分类，难以寻找。

③ 物品存放未定位，不知道到何处去找。

④ 不知道物品的标识规则，须查对。

⑤ 物品无标识，视而不见。

⑥ 无状态标识，取用了不适用的物品等。

⑦ 存放地方太远，取用费时。

⑧ 存放分散，取用费时。

⑨ 不知道物品去向，反复寻找。

⑩ 存放方法不当，难以取用。

⑪ 无合适的搬运工具，搬运困难。

⑫ 重复往返，浪费时间。

⑬ 存放地点没有所需物品，但不知道是否已用完或别人正在使用。

⑭ 不知道是否有零件存在（没有总账也无处可问）。

⑮ 没有运输的通道，导致取用不方便。

---

① 辛咨萱，邹金宏. 物业六好管理［M］. 北京：中国财富出版社，2015.
② 同①.

当你进行分析后，你会发觉哪些问题要解决，然后用适当的方法将之一一处理好。

（2）原因→对策。[①]

物品堆放在一起→分类整理；

物品拿取不方便、名称不清→标识整理；

不知物品放在哪里→定位管理；

物品难以区分→目视管理。

2. 物品有一个清楚的名字和家

每一件物品应该有一个存放的地点，就像每个人有一个家一样。

物品种类繁多，给每一件物品安排一个固定位置就等于给这件物品安了一个家，这样就容易找到它们。

至于放在哪里合适，物品的放置场所原则上要100%设定好，如没有时常移动需要，地点应固定好。

大家都有这样的生活经历，把每一件物品规定在一个位置且每次取放均在相同的位置时，就会大大提高取用物品的效率，因为你不用花时间思考上次用完放到什么地方了，也不用花时间在众多物品中把它们挑选出来，你只要直接到“约定俗成”的位置去取就可以了。

定点应用实用方法。

（1）要容易辨认，清楚展示对象或储存处名称。

（2）对放置场所，如有必要可实行画线定位。

（3）遵循有利客户原则。[②]

有利客户原则是指所有物品的摆放要以提供最便捷、最温馨的服务为出发点，即客户的感受是决定物品摆放的首要因素。

---

① 6S管理推行手册_桃园饼屋[EB/OL].(2009-08-31)[2020-08-03].http://www.360doc.cn/article/264179_5431886.html.

② 深圳市中航物业管理有限公司.中航物业五常法推进指导手册[EB/OL].(2012-04-19)[2020-08-01].http://www.doc88.com/p-163108301447.html.有删改.

根据实际的条件、作业者的作业习惯、物品的使用频率、拿取是不是方便以及作业的合理性规定等来确定物品放在哪一个位置比较合适，并对布局进行充分研究，确保物品摆在恰当的地方，必要时对物品的放置场所进行明确区分，例如，使用胶带或隔板将物料架划分为若干区域，这样使得每种物品的放置都有明确的区域，从而避免物品之间的混乱堆放（见图 3–1）。

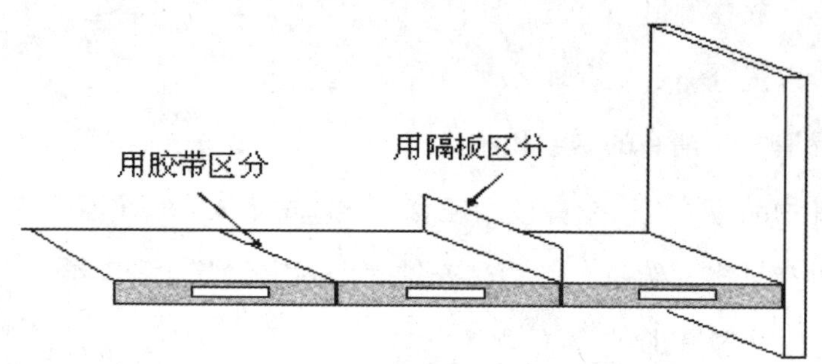

图 3–1　物料架的区域划分方式

各单位应根据现场的具体情况（特别是食堂、仓库等）确定物品的放置场所，需重点关注的物品如下。

① 文件、资料；

② 公告、通告；

③ 维修工具、器具，维修材料；

④ 应急、抢险物资，消防器材；

⑤ 易燃、易爆、有毒及污染环境、限制贮存的物品；

⑥ 钥匙；

⑦ 安全操作用具（如绝缘靴、绝缘手套、高压验电笔、绝缘棒等）；

⑧ 保洁工具、器具；

⑨ 绿化工具、器具；

⑩ 临时堆放物品。

（4）易取易放易管理。

重点关注物的摆放涉及三易原则，是指物品的摆放位置在符合有利客户原则的前提下还要充分考虑物品的用途及使用者的习惯，尽量做到容易拿取、容易放置和容易管理，以节省寻找的时间，从而提高工作效率。这一原则在仓库物品的管理中最重要。

易取：多长时间取到所需要的物品？通常 30 秒内可取出物品。

易放：物品使用完毕后放回原处所用的时间较短。

易管理：管理方便、简单。[①]

因此，尽可能简化取出或储存的过程，常用物品要容易取得。

（5）安全储存。

比如清洁用具，扫把、拖把在一个专门的地点挂起，并标明扫把、拖把专用。这样每次都会快速地在同一个地方找到，另外，拖把挂起还有延长使用寿命的作用。

（6）约定定位法。

有些物品因为本身的特性或企业的规定不适合用标识来定位，还有些物品使用非常频繁，对于这些物品，可以采用约定定位法，就是约定一个物品摆放位置而不使用任何看得见的标识，并且在使用这些物品的所有人员中达成共识。

对于某些特殊物品还要特殊考虑摆放位置。例如，危险物品、避光物品、有温度要求的物品等。

储存方法小提示：决定物品应该怎样放置、储存物品时首先应考虑日后的使用问题。每一件物品都有一个名称并不足够，还应该有一个存放的地点，就像每个人有一个家一样。

决定物品放在哪里，就把那里当作它们的家，这是很关键的。如果工具的存放地点标明在工具上，而工具名称也标明在地点上，那么你做对了，以下步骤值得跟着做。[②]

---

① 酒店五常法管理 1- 副本［EB/OL］.（2012-03-01）［2020-07-06］. https://wenku.baidu.com/view/9124a385d4d8d15abe234e2e.html.

② 酒店 6S 管理实施方法［EB/OL］.（2015-03-26）［2020-07-13］.http://www.cn6szx.com/html/201503/1257.html.

① 每一件物品都有一个名称。

② 每一件物品都有一个存放地点，而每一件物品都应该放在为它预设的地点。

③ 要容易辨认，清楚展示对象、储存处名称。

④ 简化取出、储存的过程，常用物品要容易取得，通常 30 秒内可取出及放回。

⑤ 安全储存。

整顿的“三要素”：场所、方法、标识。细分一点说，可运用“名人生码家”方法管理。名即名称；人即责任人；生即领取或使用时间；码即编码、规格；家即存放位置。

3. 容器要合适

常用药品及五金工具等，都要用合适的容器来储存。这样我们在使用时不用花太多时间去找，而是很快就可以准确地找到。

4. 物品摆放整齐

对物品的摆放，要讲究整齐美观。具体放置方法如图 3–2 所示。

图 3–2 放置方法

5. 存档控制表

物品有存档总表及存档期限或最高最低量指引，以便更准确地做好管理。

仓库中物品种类繁多，而且采购日期及保质期也不尽相同。为了更好地了解相关信息，我们在储物柜旁边张贴一张控制总表，这样，既可以了解其使用情况，还可以防止其变质。

6. 明确先进先出的安排等

明确清洁用品的可用期限、使用次序及先进先出的安排。

7. 标识方法

标识起着指示、提醒的作用、让人持续按规范进行操作。在应用中，标识也称标签。

在我们的日常生活中，标识无处不在，比如食品的标签、高速公路上的路标、办公室的门牌等。这些标识的共同特点就是传达给人们一种共享信息，让人们看到这些标识的时候，不用开口询问就能获得关于物品的一些相关信息。

（1）标识的步骤。

首先，明确哪些物品需要做标识，哪些物品不需要。并不是所有的物品都需要做标识，也不是标识越多越好，应根据物品的特性和用途来决定。

其次，设计标识既要符合功能需要，又要符合审美需要。

最后，标识初稿应交由雇主审核确定，定稿之后，就可以制作并使用了。

（2）标识的应用。①

① 放置场所和物品原则上一对一表示（仓库的货位卡）。

② 现场物品的表示和放置场所的表示（目录）。

③ 在表示方法上多下功夫。

关于标识的应用，有几个例子。

---

① 仓库6S管理内容[EB/OL].（2015-04-09）[2020-07-30].https://wenku.baidu.com/view/f41d82fa02d276a200292eac.html.

例 1：开关标识明确。

当有三个或三个以上开关集中到一起组合成开关组时，往往容易混淆每个开关控制的终端，比如电源开关组、空调开关组。开关标识的目的就在于明确开关所控终端，便于精确控制，同时避免资源浪费。

例 2：材料分类区域标示方法。[①]

图 3–3 是材料分类区域标识，用于明确各类材料的位置。与库房平面布置图相结合，以便在最短时间找到该种类材料的位置。

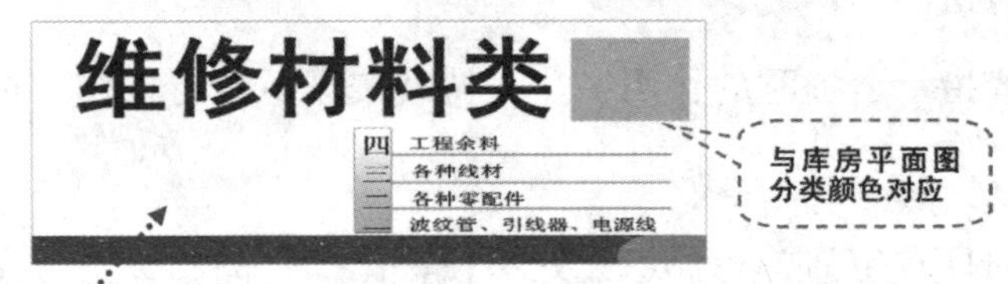

图 3–3　材料分类区域标识

例 3：固定资产标示方法。[②]

产品名称：电脑　编号：×××

购买单位：（销售单位）　联系电话：（销售单位电话）

购买时间：2019 年 12 月 18 日

使用部门：×××

使用期限：5 年

责任人：×××

另外，需要注意以下重点。[③]

第一，整顿的结果为环境处于任何人都能立即取出所需要物品的状态。

第二，要站在新人、其他有关工作人员的立场来看，使得什么东西该放

① 深圳市中航物业管理有限公司 . 中航物业五常法推进指导手册［EB/OL］.（2012–04–19）［2020–08–01］. http://www.doc88.com/p–163108301447.html. 有删改 .

② 同① .

③ 5s 理论培训标准教材［EB/OL］.（2014–10–31）［2020–08–01］. http://www.docin.com/p–946567051 –f2.html.

在什么地方更为明确。

第三，要想办法使物品能立即取出使用。

第四，物品使用后要容易恢复到原位，没有恢复或误放时能马上知道。

在标识处理中存在一种误区，就是标识越多越好、越显眼越好。其实不然，标识的数量和位置应服从标识的用途。

概括来说，标识的用途分为两类：服务用和管理用。服务用的标识应尽量位置明显，温馨亲切；管理用的标识应明确管理责任且位置相对隐蔽，只要企业员工能看到、看懂即可，一切以不影响客户感知为前提。部分标识还应根据工作中可能出现的突发事件（如人员变动）考虑样式的灵活性，比如选择活动式、可更改式等。

8. 现场指示标识

现场指示标识是能在工作场所做一些简单易懂的提示。提示内容包括操作标准、安全提醒及规律指示。

9. 整洁的通告板

通告板有独立标题及编号，负责人定期更换指引。

10. 30 秒内可取出和放回物品

只要工作人员按照以上的要求做好了相关工作，就可以保证在 30 秒之内取出和放回想要找的物品和文件。

按照常规的程序进行整理，不仅能提高工作效率，还能减少出错，甚至连小孩都能轻松、准确地找到并取出物品。

三、整顿实操图例[①]

最佳方法必须符合容易拿取的原则，并确定保留在工作场所或其附近的物品的数量，以不影响工作为前提，物品数量越少越好。

使用挂钩挂放的方式，可使得拿取物品及管理物品变得非常方便

① 深圳市中航物业管理有限公司 . 中航物业五常法推进指导手册［EB/OL］.（2012-04-19）［2020-08-01］. http://www.doc88.com/p-163108301447.html. 有删改 .

（见图 3–4）。

图 3–4　整顿实操图例（一）

进行仓库物品摆放时，小零件被分门别类地放在不同的容器里，使得拿取物品及管理物品变得非常方便（见图 3–5）。

图 3–5　整顿实操图例（二）

对物料架的空间进行细致划分，同类物品集中存放，各种物料均按照规定的位置和顺序摆放，并且清楚地标识出来，针对材料的不同特征（如重量、使用频率）分别存放在货架的高、低处，便于取用及保证操作安全（见图 3–6）。

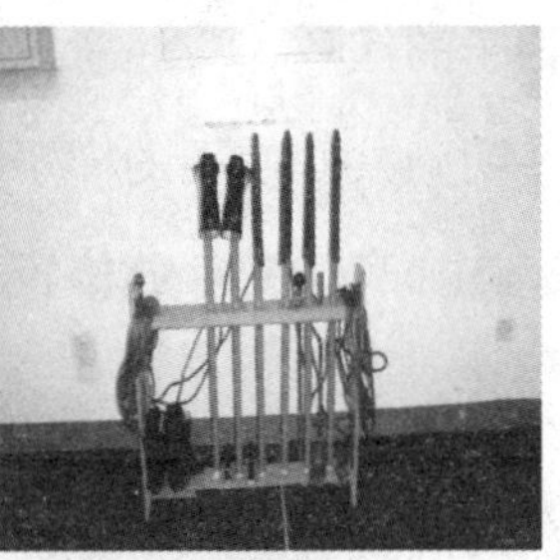

图 3–6 整顿实操图例（三）

特别说明如下。

① 安全操作用具等须使用特殊办法存放。

② 个人维修工具用合适的容器盛放，建议有工具清单或实物照片。

③ 应急工具集中存放，须有清单及管理要求。

不能摆放在工具架上的工具分类挂在墙壁上（见图 3–7）。

图 3–7 整顿实操图例（四）

关于梯子的摆放，应注意以下内容。

第一，明确共同使用的梯子应有定位并编号。

第二，在梯身注明存放位置。

第三，梯子未使用时应用相关的链子锁住，预防梯子摆放不平造成的不必要安全事故。

钥匙管理如图 3–8 所示。

图 3–8　钥匙管理

若没有规划就摆放（见图 3–9），要拿到想要的物品就非常困难。

图 3–9　没有规划就摆放

因此，要重新规划，摆放整齐（见图 3–10）。

图 3–10　重新规划，摆放整齐

第四章
清洁好

管理者应该创造一个员工和客户喜欢，并对此感到自豪的环境。

一、清洁好简介

1. 含义

对现场进行垃圾清除、防止污染，达到清洁、干净、亮丽的优良状态。

每个人都应该清洁自己所在的地方，并且应该有每人负责清洁、整理、检查的范围，其格言不仅是“我不会使东西变脏”，而且是“我会马上清理”。清洁好中最重要的两个字是“保持”。也就是说，清洁并不仅仅是我们通常所说的打扫卫生，这只是清洁内容的一部分，而比打扫卫生更重要的是采取有效措施以维护良好的状态。[①]

此前这一好也叫“清扫好”，用心分析，我觉得清扫是动词，表达操作，而清洁不仅是动词，有清扫的表达功能，还是形容词，表达目的，因此清洁更准确。

2. 主要内容[②]

（1）清洁运动——对责任区域进行彻底、全面大扫除，创造一个良好的环境。

（2）建立清扫要求基准作为规范使用。

（3）实施点检——采取有效措施来持续维护物业环境。

（4）检查评比——互相监督，互相帮助，最终达到共同提升的目的。

（5）卫生修养——养成良好的卫生习惯。

3. 目的

保持工作场所干净、亮丽；防止环境污染。

4. 要点

责任化、制度化。

---

① xdsjd. 公司将推行 5S［EB/OL］.（2011-12-07）［2020-07-26］.http://www.bokee.net/company/weblog_viewEntry/9481011.html.

② 同①. 有删改 .

二、清洁好的10点实操

1. 工具要识别

了解、掌握一些常用工具的使用要领。

常见清洁设备有驾驶式扫地车、自动洗地机、多功能擦地机、高速抛光机、吸尘吸水机、吸尘器、地毯清洗机、吹干机、高压冲洗机。

常用器具：清扫类——扫帚、畚箕、尘推；洗擦类——拖布、橡胶刮子、毛滚；盛器类——垃圾车、拖把压干车、喷雾器；工具类——梯子、吊板。

常用用品：擦拭用品——毛巾、抹布；去污用品——刷子、百洁布；开荒工具——刮刀、铲刀、钢刷、砂轮、油石；喷洒工具——喷壶、水桶。①

摆放有序的工具如图4–1所示。

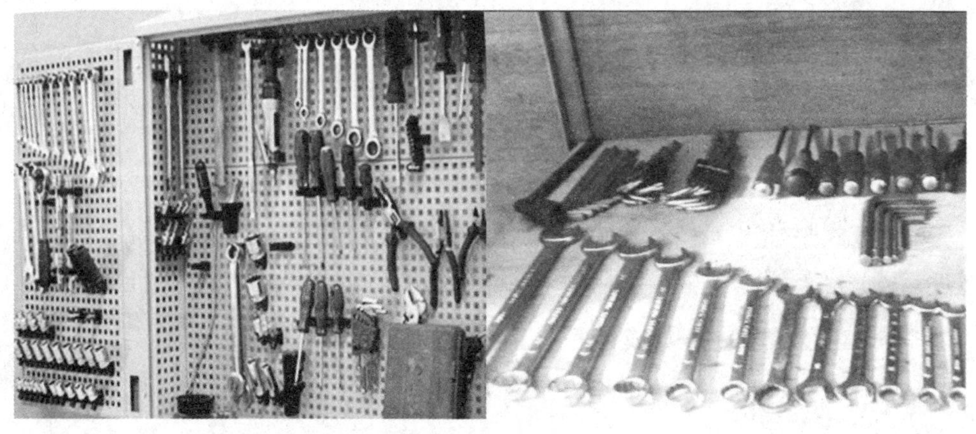

图4–1　摆放有序的工具

2. 认识常用清洁剂

常用清洁剂包括洁厕灵、多功能清洁液、去油剂、酒精、消毒纸巾、洗涤灵、金属清洁剂、玻璃清洁液、碧丽珠或家私蜡等。

---

① 物业管理知识培训［EB/OL］.（2012–08–24）［2020–07–09］. http://www.doc88.com/p-7344372241592.html.

3. 避免重复清洁，检查容易

重点是避免不必要的重复清洁及做好预防。

例如，洗了手就擦干净，避免双手甩水在地上。所有东西都应在地面 15 cm 以上（包括扫把、拖把等，见图 4–2），让地面没有死角；或者与地相接，不藏污垢。

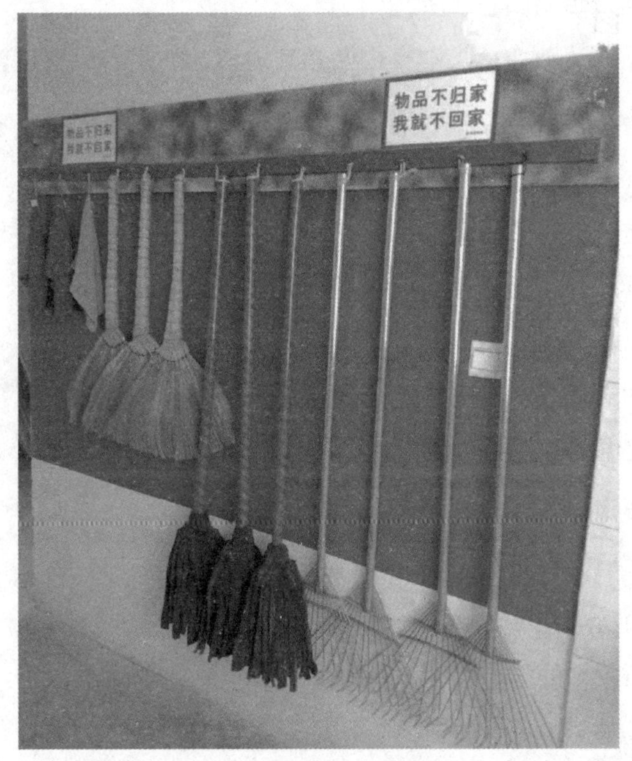

图 4–2　清洁工具的摆放

4. 清洁有方法

重点掌握：抹布的擦拭方法、拖布的拖擦方法、扫帚的清扫方法等。如对木器用干的抹布，避免其受潮损坏；从清洁天花板开始，按从上到下的顺序清洁。

5. 制订清洁检查表

有清洁检查表及有关问题跟进负责人。需要根据业主的实际情况，合理安排出定期保洁项目与计划。

明确每天要做的事，三天做一次，六天做一次，十天、半个月、一个月做一次的工作分别有哪些。比如天花板、吊灯、空调叶等，通常不是每天都进行清扫的，而会采取一个月或一周例行清扫一次。

特别提醒：应灵活变通，根据不同季节及业主的实际要求调整清洁计划。

6. 员工本身也要做到清洁

不仅物品要清洁，员工本身也要做到清洁，如工作服要清洁，仪表要整洁，住宿的地方要清洁，及时理发、刮须、修指甲（指甲留长保持在1毫米内）、洗澡等。

卫生修养提示：早在先秦时期，古人便“三日一洗头，五日一沐浴”。到了汉代，还出现了“休沐”，就是说官员们上了五天班之后，能专门休一天假来洗澡。[①]

7. 员工时刻遵守“常清洁的诺言”[②]

“常清洁的诺言”如下。

我不会使物品变脏，如有变脏，我会及时清洁。

我不会随地倒水。

我会马上清理物品。

我会把掉下来的标识再贴上。

8. 清洁隐蔽地方

例如清洁风槽顶；转角及有门、盖的隐蔽地方；空调的过滤网、柜底等。

9. 清洁用具的清洁

在清洁活动中，抹布、拖把、扫把等是极常用的清洁用具。在使用完毕后，如何放置和处理它们是值得研究的一个重要项目。一旦处理不好，容易

---

① 古人生活大解密［J］. 恋爱婚姻家庭（养生），2013（2）.

② 红色石头. 五常法管理，你用了吗［EB/OL］.（2012-01-12）［2020-09-13］. https://www.meadin.com/68630.html.

腐坏、产生异味，既会缩短使用寿命，又会破坏环境、影响美观。

（1）抹布：它是清洁玻璃窗、桌面、设备表面的主要工具。使用完毕后，首先，清洗干净，将上面沾染的脏污完全去除，若有油渍一类难以洗涤的东西，应使用肥皂、酒精、清洗剂等辅助用品来达到洁净的目的；其次，将清洗干净的抹布集中放在一个阳光充足的地方晾晒，晾晒的方法有两种，一种是平铺在一块干净的平台上，另一种是悬挂在晾衣绳上；最后，将晾干后的抹布整齐叠放于指定地点，为保持美观，折叠的时候应方法一致。

（2）拖把：它是清洁地面灰尘和脏污的主要工具。很多企业通常的做法是先将拖把涮洗一下然后堆放到洗手间或杂物间的角落。这是错误的处理方法，其不良后果显而易见。那么，怎样做才正确呢？首先，应将用过的拖把彻底清洗干净，并将水挤压掉；其次，在指定放置地点的墙壁上以相同间距设置挂钩，在每个拖把的尾部安装挂绳，将清洗干净后的拖把悬挂于墙壁上，尾部向上，拖头向下，且拖把应距地面一定高度；最后，拖头下方应设置污水槽来导流拖把上的残留污水，若没有污水槽，也可以使用污水盆，并将污水及时倒掉，防止产生异味和滋生蚊虫。

（3）扫把：它是清扫地面废弃物的主要工具。扫把既可以像拖把一样悬挂放置，也可以整齐摆放于角落。但应注意一点，就是保持放置地点的干燥通风。另外，由于扫把本身的特征，放置于地面时容易滑倒，想解决这个问题可以使用定位钉。在墙壁的适当位置以相同的间距安装定位钉，然后将扫把按照容易滑倒的方向统一停靠在定位钉上，既整齐美观又牢固可靠。定位钉的高度应在扫把自身高度的中部以上，同时要避开使用时手习惯握住的位置，以方便拿取。定位钉的长度以等同于扫把把的直径为宜。

除以上处理方式外，若能制作专门的清洁工具橱则效果更佳。橱内用挂钩、隔板等分隔不同种类的清洁用具，下方是带孔的铁板，底部是放置盛水盆的暗箱。工具橱两侧分别设置几个通风孔，以保持橱内空气流通。外表可以根据企业特色或者放置房间的装修风格来定。这样的清洁工具橱既实用又美观，非常适合在管理精细、注重形象的企业推广使用。

清洁用具摆放地点的选择也是有方法的。由于清洁用具仅仅是卫生管理人员在特定时间段使用的工具，且容易影响观瞻，摆放地点应该选在一般员工和客户视线所不及的地方。有条件的企业最好能设置专门的存放室，无法设置存放室的企业应充分利用现有空间，比如卫生间的角落、一楼楼梯口后面的空间等。放置位置最好能保持通风、干燥，以加强对清洁用具的保养。

10. 地面保持光洁、明亮、可照人

物业区域环境清洁的通用标准是“五无”，即无裸露垃圾、无垃圾死角、无明显积尘积垢、无蚊蝇虫滋生地、无“脏乱差”顽疾。室内做到“六不”，即不见积水、不见积灰、不见杂物、不见脚印、不见烟蒂、不见垃圾黄斑。

对此，建议实施点检。

点检是清洁运动中经常使用的一种方法。点检的含义是“逐点去检查”，即不要放过任何一个区域或角落，进行全面的清查。点检不同于清洁运动，它是在清洁运动结束的基础上进行的查缺补漏，以达到完美的效果。

清洁效果衡量要点如下。

（1）地面和墙壁经常保持清洁和干爽，以能反光为标准。

（2）所有地方用手摸过去，以没有灰尘为标准。

在八好管理中，清洁是一个最浅显的法则，没有什么深奥的道理可讲，但它是八好管理中重要的一环。

三、主要保洁方法的掌握

1. 抹布的擦拭方法

（1）干擦：操作抹布时，就像抚摸一样轻擦，以除去细微的灰尘。如果用力干擦，反而会产生静电，吸附灰尘。

（2）半干擦：对于不宜经常湿擦、用干擦又难以擦净的表面，可用半湿半干的抹布擦拭。

（3）水擦：湿抹布可将污垢溶于水中，去污除尘效果好，使用湿抹布后随手用干布抹干，以免留下水印。

（4）加清洁剂擦拭：可用抹布蘸上清洁剂后擦拭。擦拭后，应再用洗净的湿抹布擦去清洁剂成分，最后用干布抹干。

2. 拖布的拖擦方法

（1）干拖：用干拖布擦拭地面，主要用于擦亮地面，或擦去地面的水迹、油迹等污物。

（2）半干拖：用半湿半干的拖布擦拭地面。这种拖布只留很少的水即可，不可含水过多。拖擦后，地面上不应留有水迹。

（3）水拖：湿拖布可将污垢擦拭干净，去污效果好，之后用干拖布擦拭地面，以免留下水印。

（4）加清洁剂拖擦：可用拖布蘸上稀释的清洁剂拖擦，之后用干净的湿拖布去除清洁剂成分，最后用干拖布擦干。

3. 清洁工具的准备

（1）扫帚：可转动毛刷式扫帚（多用于清扫室内平滑地面）；小扫帚（用于清扫床铺及沙发等）。①

①作用：清扫杂物及灰尘。

②使用：扫帚从身体左右两侧往前扫，人在后，边扫边进，扫地时采用直扫法、中央收集法、分块收集法。

（2）垃圾铲：又称“簸箕”，具体有带盖式垃圾铲、三柱式垃圾铲。

① 作用：收集扫起的杂物及灰尘。

---

① 家服务五常法教程［EB/OL］.（2012-09-05）［2020-07-05］. https://wenku.baidu.com/view/24ea9f166c175f0e7cd1376b.html.

② 使用：将平直的下面放在垃圾边，用扫帚将垃圾扫进铲内。

（3）拖布：老式圆拖布（多用于拖擦地面，适用范围广）；扁形活动式拖布（便于拖擦边角，便于浸水压干）；除尘拖布（主要用于各种高档地面的清洁，以保持地面光亮）。

① 作用：用来拖擦地板，可水拖或干拖。

② 使用：横拖法和竖拖法，横拖法适用于宽敞的区域，竖拖法适用于狭窄的区域。

（4）上水器：清洗玻璃时用。

（5）玻璃刮：刮洗玻璃污物时用。

（6）手持喷雾器：擦拭玻璃、家具、墙壁和装饰物等时用。

（7）步梯：铝合金或不锈钢制，按长短不同有多种型号。

（8）抹布：一般是棉制毛巾，吸水性好。主要用于擦洗物品表面及地面。

① 抹布应选用柔软、吸水性强、质地厚实的棉制毛巾。使用时将毛巾折3次，叠成8层（正反16面），大小比手掌稍大一点。

② 3折后叠成8层的毛巾，一面用脏后再用另一面，16面全脏后，洗净拧干再用。

③ 擦拭一般家具的抹布、擦拭饮食用具的抹布、擦拭卫生间的抹布等应严格区分，可以使用不同颜色区分。

④ 应按从右至左（或从左至右）、先上后下的顺序擦拭，先用力均匀擦拭物体表面，再擦边角，不要漏擦。

⑤ 有油污的地方，可用百洁布或刷子等特殊工具除去油污后再擦拭。[①]

（9）水桶、掸子、垃圾桶、清洁刷、清洁刀。

---

① 保洁作业培训［EB/OL］.（2013-06-14）［2020-07-04］.http://www.360doc.com/content/13/0614/06/9708896_292718638.shtml.

4. 清洁剂的准备

（1）洁厕灵：清洁卫生间坐便器专用的一种酸性清洁液，用于清除水垢、污垢、尿垢。pH 值在 5 以下，呈酸性。

（2）多功能清洁液：一种中性多用清洁液，含多种表面活性物，用于清除物体表面的轻污垢，pH 值在 6~7。

（3）去油剂：一种强力去除厨房油污的清洁液，碱性清洁液，pH 值在 8 以上。

（4）酒精：可挥发性液体，具有消毒、去污的效果，可清洗家电的屏幕。

（5）消毒纸巾：多用于家电的清洁，可用于擦拭屏幕和外壳，主要除去表面灰尘。

（6）洗涤灵：多用于餐具等。

（7）金属清洁剂：多用于生活类家电的清洁，如空调等。

（8）玻璃清洁液：适用于玻璃门窗、镜子。

（9）碧丽珠或家私蜡：用于家具清洁、上光、保护，一次性完成，适用于木制品、桌面、皮革、电气仪表、金属物品等。

清洁时的注意事项如下。

第一，抹布要拧干，要像脱过水一样，叠整齐后再开始使用。抹布要专用，对不同物品、不同部位要用不同的抹布，每次清洁后要将所有抹布洗净晾干，要在专用的水盆里洗擦有灰尘的抹布。

第二，每次清洁之前准备好所有的工具，以免跑来跑去浪费时间。要轻拿轻放所擦拭的物品，尽量分类摆放，有文字的面朝外，文字不能颠倒。

第三，做清洁要有计划，除每天必须做的以外，要合理安排定期清洁的项目，如每周或每月的清洁工作。

四、爱护公共卫生倡议书

居民爱护公共卫生倡议书

尊敬的业主：

小区的一花一草、一景一地，都凝聚着我们的辛勤汗水，我们理应倍加珍惜、爱护，爱护公物、花草树木，节约资源是我们每个公民的义务，为此，我们向各位业主发出“保护环境、爱护公物、节约资源、共享生态小区”倡议，希望大家珍爱美好生活环境，成为优美环境的保护者。

1. 爱护小区花草树木，不践踏草坪、不攀爬树木、不折损树枝、不采摘花朵。

2. 爱护小区环境，不在公共场所扔纸屑、果皮等垃圾，并主动拾起地上的纸屑、果皮等垃圾。

3. 爱护小区道路旁的栅栏，不在栅栏上乱写、乱刻，不随意粘贴物品，不敲打、强推、损毁栅栏。

4. 爱护小区建筑墙体，不乱涂乱抹、不踢踩墙面、不在墙上拍球等使墙上留下污迹。

5. 爱护小区的健身器材，不乱拆、乱刻、乱砸，不拖、敲打、挪动。

6. 不在家中和公共区域堆放易燃、易爆、剧毒、放射性等物品。

7. 不从高空抛洒物品。

8. 在小区装修管理规定允许时间内装修，不影响邻里正常活动、休息，不拆改承重结构。

9. 不占用公共楼道、消防通道，不在公共区域堆放杂物。

10. 使用电视机、音响等设备时音量适度，不影响邻里正常生活。

11. 按照小区物业管理规定的时间和区域遛宠物，自觉清理宠物粪便。

12. 邻里之间，尊老爱幼，宽容友善，互助和谐。

“勿以善小而不为，勿以恶小而为之。”我们要像爱护自己的家一样爱护我们的小区环境，要像爱护自己的家具一样爱护公共设施。让我们立即行动起来，从我做起、从现在做起、从身边做起、从小事做起，让文明行为成为一种生活习惯，让文明行动成为一道亮丽的风景，让我们的小区更加和谐美丽。

职员爱护公共卫生倡议书

亲爱的员工：

公司既是我们的工作场所，也是我们的生活场所，作为公司员工，我们有责任、有义务以实际行动维护好我们的工作生活环境。为了减少打扫卫生的时间，将更多的时间用于工作，在此，谨向全体员工发出如下倡议。

整洁、卫生、和谐的工作环境需要我们每一位员工的积极参与和共同努力，从自己做起，从身边的小事做起，严格要求自己，约束自己的行为，培养良好的道德风尚，树立公共环境卫生意识。

1. 不乱扔瓜果皮、烟头、纸屑等垃圾，不践踏绿化草坪等，用心爱护我们身边的环境。

2. 严格按照八好标准来整理自己的工作场所，做到桌椅摆放整齐，桌面、地面干净、无杂物。

3. 勤动手，主动捡起地上的果皮、纸屑、塑料袋等垃圾并丢到垃圾桶里，自觉维护环境卫生。

4. 自觉遵守公司相关规章制度，培养良好的道德风尚，爱护花草树木和公共设施。

5. 各部门使用会议室后及时将会议室打扫干净。

6. 便后及时冲水，做到手纸入篓，养成良好的卫生习惯。

员工朋友们，公司是我们共同的家园。我们每一个人都希望工作生活环境整洁、卫生。让我们立即行动起来，自觉维护和保持公共环境卫生，积极支持爱护环境的人和事，人人争做文明员工，为创建文明美好的公司做出自己应有的贡献！公司是我家，卫生靠大家！

五、保洁员工作标准

1. 住宅楼内清洁标准

（1）楼层通道和楼梯台阶每日清洁 1 次，地面每周湿拖 1 次。

（2）楼道内所有电表箱、配电箱、消防栓箱、无人居住入户门、单元门、楼梯墙面及扶手、楼梯窗、楼道灯开关等设施，每周清洁 1 次。

（3）无明显积尘、污渍、乱贴、乱画、划痕，玻璃清洁、透明，目视干净。

（4）电梯轿厢地面、四壁每日清洁 1 次。

（5）屋顶无蜘蛛网，通道公共部位无私占、垒砌、乱停乱放车辆及堆放杂物。

（6）踏步无灰尘、油渍、杂物。

（7）踢脚线无尘土，上截面可见实物本质。

（8）门厅无影响人通行的杂物和可能伤害人的物品。

2. 住宅楼外清洁标准

（1）楼体、墙面无乱写、乱涂、乱画，无小广告，不悬挂衣服、杂物，不私自改变墙体颜色，不利用墙体做营业性广告。

（2）楼房前后路面每日清扫 1 次，无泥巴、油渍、纸屑、果壳、落叶、塑料袋等有碍环境卫生的污物，烟头每平方米不得多于 1 个。

（3）路面无妨碍交通的石块等障碍物及损害车辆行人的危险物品，雨雪天及时清扫主要道路积水、积雪。

（4）宣传栏、标识牌、景观雕饰、健身设施、路灯杆、信报箱、变电箱每周擦拭 1 次，上面无积灰、污迹、乱贴、乱画。

（5）水景开放期内，每 2 日清洁 1 次，水面无明显漂浮物。

（6）确保排污系统顺畅，污水井、雨水井每月检查清理 1 次，井内无淤泥、砖头瓦块等杂物。如业主造成堵塞，疏通费用按有关规定计算并收取。

（7）区域内禁止饲养家禽宠物，车库、储藏室严禁生火做饭、堆放易燃易爆腐蚀性物品，发现上述情况要立即组织解决。

（8）居民生活垃圾装袋、定点倾倒、日产日清，周围地面无散落垃圾。

（9）垃圾桶表面每周擦拭 1 次，内部每周清洁 1 次。

（10）针对建筑垃圾设置临时垃圾池，集中存放，定期外运；公共卫生间每日清洁 1 次，每月对公共卫生间进行消杀。

（11）蚊、蝇、蟑螂滋生季节每月消杀 1 次，灭鼠每半年进行 1 次。

3. 办公楼清洁标准

（1）一楼大厅外部台阶及大厅地面、门、窗、玻璃，每日擦拭 1 次，宣传栏每周至少擦拭 1 次，随时保持洁净、明亮，无灰尘、无污渍、无水迹。

（2）走廊地面每日至少扫拖 2 次，随时保持无垃圾、无杂物、无污渍、无痰迹、无水迹，目视光洁明亮。

（3）走廊内垃圾桶每日擦拭，至少倾倒 1 次。随时保持无手印、无杂物、无灰尘、无污渍、无水迹。

（4）走廊内的窗台、楼道门、消防栓、灭火器、配电箱门，每日至少擦拭 1 次，随时保持无灰尘、无污渍、无水迹。

（5）走廊及大厅内的踢脚线、安全出口指示牌、消防栓、照明设备箱、灭火器，每周至少擦拭 1 次，随时保持无污渍、无灰尘、无水迹。

（6）走廊内窗户玻璃、天花板及灯具，每月至少定期清扫擦拭 1 次。

（7）办公室内的地面、桌、椅、电脑、电话、烟灰缸、窗框、门、文件柜、刊物架、沙发、茶几等每天至少擦拭 1 次，保持无污渍、无灰尘、无水迹。

（8）文件柜玻璃、窗框要擦拭得干净、明亮，无手印、无尘土、无水迹；

窗帘悬挂整齐。

（9）垃圾桶保持干净，垃圾及时清理，垃圾袋及时更换。

（10）办公室内的植物要定期浇水，并保持花盆内无杂物，盆体无灰尘、无污渍。

（11）办公室内的踢脚线每周至少擦拭1次，保持无污渍、无灰尘、无水迹。

六、监督管理

1. 第三方检查制度

物业公司下达的管理目标，部门内部各项管理工作，都由第三方检查落实，对各项工作有必要进行检查和监督，让小区管理工作更加富有成效。

（1）小区经理具体负责分管住宅楼区域公共设施的清洁、日常维修及杀虫灭鼠、绿化美化等管理工作。

（2）第三方检查组每月必须对上述管理工作全面检查1次，并进行认真记录，每月对各项管理工作的实施情况进行评价，并填写相应表格。

（3）对管理工作中的薄弱环节进行统筹反馈。

（4）第三方检查组要对住宅楼公共设施管辖范围、卫生区域责任范围、消杀范围及重点部位、绿化责任区域做到胸中有数，在每次全面检查过程中要将存在的问题及时反馈给小区经理。

（5）监督和督促小区经理前去处理，并将处理结果记录下来，事后检查完成情况。

（6）第三方检查组对各项管理工作应高标准、严要求，除每个月定期检查以外，还要不定期抽查，突出重点，兼顾全面。

（7）在抽查过程中可走访部分业主，虚心听取业主的意见和建议，与业主建立良好的关系，努力改进工作，提高质量标准，取得业主的理解、支持、配合与信赖。

（8）第三方检查组对检查出来的较为严重的问题，应发出书面纠正建议和预防措施，要求小区经理限期整改，使存在的问题得以根本解决。

（9）第三方检查组每月对工作的完成情况做出评价，评价结果与小区经理、清洁工、绿化工、维修工的奖金或工资直接挂钩，奖勤罚懒，奖优罚劣。

2. 第三方检查标准

（1）目视楼道无烟头、果皮、纸屑、小广告、蜘蛛网、积尘、污迹等。

（2）地下室地面无油渍、污渍，无大块瓜果皮壳、纸屑，墙面无污迹。

（3）天台、转换层、标识牌等无明显灰尘、杂物，管线无污迹。

（4）天花板、墙角、灯具、墙壁、门窗玻璃目视无灰尘、无污迹。

（5）室内无异味，大理石地面无污渍、有光泽。

（6）亚光面、不锈钢表面无污迹、无灰尘，半米内可映出人影。

（7）灯具无灰尘，灯具内无蚊虫，灯罩明亮清洁。

（8）公共场地路面无泥沙，无明显垃圾，无积水，无污迹。

（9）垃圾池周围干净，无垃圾，不积污水。

（10）果皮箱、垃圾桶外表无明显污迹，无垃圾黏附。

（11）水池清澈见底，水面无杂物，池底无沉淀物，池边无污迹。

（12）下水井内壁无黏附物，井底无沉淀物，水流畅通，井盖无污渍、污物。

七、清洁操作标准

1. 公用楼道

① 从底层至顶层自下而上清扫楼梯，将果皮、烟头、纸屑收集于胶袋中，然后倒入垃圾车。

② 用拖把从顶层往下逐级拖抹楼梯，自下而上擦抹楼梯扶手及栏杆。

③ 先用扫把打扫消防管上的灰尘和蜘蛛网，再用湿抹布擦抹消防栓及玻璃，之后用干抹布擦抹玻璃 1 次，按上述程序逐个清洁消防栓管。

④ 用湿抹布从上往下擦抹信报箱和电子门一遍，擦抹时，清洗抹布数次，然后用干抹布抹信报箱以及电子门上的号牌和按钮。擦抹配电箱。

⑤ 清洁窗户玻璃，备玻璃刮、清水、清洁剂，按“玻璃门、窗、幕墙”的相关程序进行作业。

注意事项：擦抹配电箱时禁用湿毛巾，不得将配电箱门打开，以防触电造成意外。

2. 地下室、天台、转换层等

① 用扫把清扫地下室、地下车库的地面及公共楼梯间的台阶，清除地面及排水沟内的垃圾、杂物，并将垃圾运至地面垃圾屋。

② 用胶管、长柄刷冲刷地面的油污、油渍。

③ 上楼清扫天台、裙楼平台、转换层地面、明暗沟内的垃圾杂物，并将垃圾运至地面垃圾屋。

④ 打开地下室、地下车库的集水坑和排水沟盖板，彻底清理疏通、冲刷1次。

⑤ 用清洁液、毛巾擦拭一遍指示牌、消防指示灯、车位挡车器、防火门等公共设施。

注意事项：清洁完天台后将天台门锁好，防止发生其他事故；清洁车库时，注意进出车辆，防止被撞伤。

3. 值班室、岗亭

① 按从上往下、由里到外的程序进行清洁。

② 用鸡毛掸子扫去墙上的灰尘和蜘蛛网，再扫去桌椅上的灰尘。

③ 用扫把打扫地面；用湿抹布擦抹值班室桌椅，洗干净抹布，再抹门、窗及岗亭外墙。

④ 用干净抹布重抹一次桌椅和门、窗、玻璃。

⑤ 用洗干净的拖把拖抹地面及过道。

⑥ 值班室如有其他办公设备应同时清洁。

⑦ 清洁岗亭后用抹布擦抹道闸。

注意事项：清洁道闸时应注意行驶车辆，防止被撞伤。

4. 公用卫生间

① 每天 × 点、× 点分两次重点清理公用卫生间。

② 打开门窗通风，用水冲洗大小便器，用夹子夹出小便器内的烟头等杂物。

③ 清扫地面垃圾，清倒垃圾篓，换新垃圾袋后放回原位。

④ 将洁厕灵倒入便器内，用厕刷刷洗大小便器，然后用清水冲净。

⑤ 用湿毛巾和洗洁精擦洗面盆，大理石台面，墙面、门窗标牌。

⑥ 先将湿毛巾拧干擦镜面、窗玻璃，然后用干毛巾擦净。

⑦ 用湿拖把拖干净地面，然后用干拖把拖干。

⑧ 喷适量香水或空气清新剂，小便斗内放入樟脑丸。

注意事项：禁止使用碱性清洁剂，以免损伤瓷面，下水道如有堵塞现象，及时疏通。

5. 不锈钢表面

① 用兑有中性清洁剂的溶液抹不锈钢表面。

② 用无绒毛巾抹净不锈钢表面上的液滴。

③ 置少许不锈钢油于无绒毛巾上，对不锈钢表面进行拭抹。

④ 表面面积大的可用手动喷雾枪将不锈钢油喷于不锈钢表面，然后用无绒干毛巾拭抹。

注意事项：在清洁电梯外厅门时应防止厅门开关造成意外，要使用干净的干毛巾，防止沙砾划伤不锈钢表面。

6. 玻璃门、窗、幕墙

① 用刀片刮掉玻璃上的污迹。

② 按玻璃清洁剂与清水 1:5 的比例兑好玻璃清洁溶液。

③ 把浸有玻璃清洁溶液的毛巾裹在玻璃刮上，然后用适当的力度按在玻

璃顶端，从上往下垂直洗抹。

④ 一洗一刮连贯进行，当玻璃的位置和地面较接近时，可以把玻璃刮横向移动。

⑤ 用无绒毛巾抹去玻璃框上的水珠。

⑥ 用地拖拖抹地面上的污水。

注意事项：高空作业时，应两人作业并系安全带，戴安全帽；作业时，注意防止玻璃刮的金属部分刮花玻璃。

7. 灯具

① 关闭电源，架好梯子，人站在梯子上，一手托起灯罩，一手拿螺丝刀，拧松灯罩的固定螺丝，取下灯罩。

② 先用湿抹布擦抹灯罩内外污迹和虫子，再用干抹布抹干水分。

③ 将抹干净的灯罩装上，并用螺丝刀拧紧固定螺丝。

④ 清洁日光灯具时，应先将电源关闭，取下盖板，取下灯管，然后用抹布分别擦抹灯管和盖板，重新装好。

注意事项：注意安全，防止摔伤，关闭灯具电源，以防触电，注意防止灯具和工具掉下砸伤行人。

8. 自行车房（棚）

① 用干净扫把将房（棚）顶上、墙上的蜘蛛网、灰尘清除。

② 用扫把清扫自行车房（棚）内的果皮、纸屑、灰尘等垃圾。

③ 用湿抹布擦抹棚架和自行车房拉门及窗网。

④ 将自行车房（棚）内的自行车排列整齐。

⑤ 对没有使用痕迹、积尘明显的自行车，每周用鸡毛掸子打扫自行车上的灰尘；长期停放超出规定时限且影响观瞻的车辆按小区内车辆管理规定处理。

9. 室外地面

（1）清洁范围：物业管理红线范围内的室外公共区域地面，包括道路、绿化带等。

（2）工作程序如下。

① 用铲刀清除地面上的口香糖等杂物。

②发现污水、污渍等，须在半小时内冲刷、清理干净。

③ 果皮箱和垃圾桶每天上、下午各清理 1 次，并用长柄刷子蘸水刷洗 1 次。

④ 垃圾屋附近的地面每天上午、下午各用水冲洗 1 次，每周用洗洁精刷洗 1 次。

⑤ 砂井、明沟每天揭开铁箅盖板彻底清理 1 次。

⑥ 室外宣传牌、雕塑每天用湿毛巾擦拭 1 次。

注意事项：注意高空坠物，冲刷路面、墙面时不得使用消防水。

10. 公共场地、马路、停车场

① 用长竹扫把把道路中间和公共活动场所的果皮、纸屑、泥沙等垃圾扫成堆。

② 用胶扫把将垃圾扫入垃圾斗内，然后倒进垃圾手推车。

③ 对有污迹的路面和场地用水进行清洗。

④ 雨过天晴后，用竹扫把将马路上的积水、泥沙扫干净。

⑤ 清洁排水口和下水道，保证排水畅通。

注意事项：清洁时应小心细致，垃圾车和工具不要碰坏其他车辆。

11. 公共绿地

① 用扫把仔细清扫草地上的果皮、纸屑等垃圾。

② 对于烟头、棉签、小石子、纸屑等不能用扫把打扫起来的小杂物，弯腰用手捡入垃圾斗内。

③ 在清扫草地的同时，仔细清理绿篱下面的枯枝落叶。

12. 雕塑装饰物，宣传栏，宣传牌、标识牌

① 雕塑装饰物的清洁——用扫把打扫装饰物上的灰尘，人站在梯子上，用湿抹布从上往下擦抹一遍；如有污迹，用清洁剂涂在污迹处，用抹布擦抹，

然后用水清洗。不锈钢装饰物按相关清洁保养操作标准操作。

② 宣传栏的清洁——用抹布将宣传栏里外周边全面擦抹一遍，玻璃用玻璃刮清洁，按相关清洁操作标准操作。

③ 宣传牌、标识牌的清洁——有广告纸时，先撕下纸，再用湿抹布从上往下擦抹，然后用干抹布抹一次。

注意事项：勿爬上装饰物，防止人员摔伤；清洁宣传栏玻璃时小心谨慎，避免划伤手。

13. 喷水池

① 清洗时应切断电源，清洁电线、灯饰时不可用力过大，以免造成损坏。

②平时保养——地面清洁工每天用捞筛打捞喷水池水面漂浮物。

③定期清洁——打开喷水池排水阀门放水，待池水放去三分之一时，清洁工入池清洁；用长柄手刷加适量的清洁剂由上而下刷洗水池瓷砖；用毛巾抹洗池内的灯饰、水泵、水管、喷头，除去电线表层的青苔、污垢；排尽池内污水并对池底进行拖抹；注入新水，投入适量的硫酸铜以净化水质，并清洗水池周围地面污迹。

注意事项：注意防滑、防跌倒。

14. 地下雨、污水管井疏通

① 用铁钩打开检查井盖，人下到管段两边检查井底。

② 用长竹片捅捣管内的黏附物。

③ 用压力水枪冲刷管道内壁。

④ 用铁铲把检查井内壁的杂物清理干净。

⑤ 用捞筛捞起检查井内的悬浮物，防止堵塞。

⑥ 把垃圾用竹筐或桶清运至垃圾中转站。

⑦ 放回检查井盖，用水冲洗地面。

注意事项：地面要竖警示牌，并有专人负责监护，以防行人跌入。

15. 化粪池

① 雇用吸粪车一部（含 5 米长胶管 3 条，8 米长竹竿 1 个）。

②用铁钩打开化粪池的盖板，敞开 15 分钟后，再用竹竿搅化粪池内杂物结块层。

③ 把车开到工作现场，套好吸粪胶管放入化粪池内。

④ 启动吸粪车的开关，吸出粪便直至化粪池内的化粪结块物被吸完为止。

⑤ 盖回化粪池井盖，用清水冲净工作现场。

注意事项：揭开盖子后，要有专人看护，清理后盖实，以防行人跌入，化粪池内的沼气有毒、易燃，故应待其充分散发后再进行作业，且周围不得有明火。

16. 垃圾池（箱）

① 用铁铲将池内垃圾铲入手推车内，用扫把将剩余垃圾扫干净后，打开水阀用水冲洗池内外 1 次。

② 将去污粉或洗衣粉撒在垃圾池内外瓷砖和垃圾池门上，用胶刷擦洗污迹。

③ 疏通垃圾池的排水道，清洁周围水泥面。

④ 打开水阀，用水全面冲洗垃圾池内外，同时用扫把或胶刷擦洗。

⑤ 关闭水阀，收回水管，锁好垃圾池铁门。

17. 吊篮清洗外墙

（1）高空吊篮下吊施工前的准备工作。

① 查看作业现场，确定作业方案。重点查看屋顶状况，确认能否安装吊篮，吊篮在屋顶移动有无障碍，霓虹灯、广告牌等是否妨碍作业，并确定作业方案。

② 无大风、雨雪预报及高温、低温报告，现场测试风力应小于 6 级。

③ 准备清洗工具，如水桶、水枪、水管、抹水器、刮水器、毛巾、板刷、百洁布、铲刀、吸盘以及清洁剂等。

④ 两名操作员工携带清洗工具进入吊篮后，系好保险带。

（2）高空吊篮下吊作业前的安全检查。

① 高空吊篮下吊作业前必须实行安全“三查”，即下吊员工自查、班长互查、主管检查。

② 检查吊篮各部位，如吊篮紧固件、连接件、提升机、安全保护装置、钢丝绳、电缆线等是否完好，确认无隐患后方可工作。

③ 检查屋面吊臂结构悬挂装置的连接件、紧固件、牵引绳是否稳固、完好，确认无隐患后方可工作。

④ 检查下吊用安全绳有无损伤或断股，损伤或断股一经发现，该绳禁止使用。

⑤ 确认安全绳的长度，安全绳在建筑物顶部固定后，剩余长度应仍比该建筑物高度长。

⑥ 检查下吊员工穿戴的保险带有无损伤，若有损伤，则禁止使用。

⑦ 检查连接在保险带上的自锁器是否灵活可靠，若有损伤，禁止使用。

⑧ 检查安全绳在建筑物顶部的绑扎固定部位是否牢固，若不符合要求，停止工作。

⑨ 检查下吊员工的着装是否符合要求——头戴安全帽；身着长袖工作上衣和长工作裤，在腐蚀性环境中应着耐腐蚀工作服；脚着软底胶鞋，在腐蚀性环境中应着防腐蚀工作鞋。

⑩ 检查安全绳在建筑物顶部“女儿墙”直角转折处是否垫有防止绳索磨断的衬垫；若发现未垫，则应立即停止工作。下吊员工保险带上的自锁器要扣在安全绳上，而不是扣在吊篮上。在该作业现场的地面区域内设围栏作为安全区域，并安排一名地面安全员阻止行人通行。发现未安排地面安全员或未设置围栏，则停止工作。

⑪ 检查建筑物顶部安全员的工作态度，发现问题，停止工作。

（3）操作过程如下。

① 用水枪喷射墙角，除去浮尘。

② 将抹水器浸入桶中，待完全吸入清洁剂后均匀地涂抹墙面或玻璃面。稍后，用刮水器上下和左右刮玻璃、窗框表面及边角位置，交叉对拉，不漏刮，再用毛巾擦拭干净。

③ 一个位置结束后，将吊篮放至下部同一位置进行清洁，当纵向从上到下清洁完毕后，再横向向左或右移动至相邻位置，从上到下清洁。

④ 全部作业完成后，收拾整理机器设备和工具，撤去地面围栏和告示牌，将地面水迹擦净。

⑤ 进行设备清洁保养，清除灰尘和脏物后再将设备放进仓库。

18. 吊板清洗外墙

（1）高空吊板下吊作业前的准备工作。

① 勘查现场。建筑物顶部必须有固定吊板绳和安全绳的牢固构件，绳子下垂经过位置不得有尖锐棱角锋口。如有尖锐棱角锋口，必须经过特殊安全处理。在高压电源区无法隔离时，不得进行工作。

② 天气情况与吊篮操作要求相同。

③ 准备清洗工具，如吊板、吊板绳、安全绳、水枪、水管、抹水器、刮水器、毛巾、板刷、百洁布、铲刀、吸盘以及清洁剂等。

④ 吊板绳和安全绳直径不得小于 16 毫米。

（2）高空吊板下吊作业前的安全检查。

① 检查下吊用吊板绳、安全绳有无损伤或断股，若有损伤或断股，该绳索禁止使用。

② 检查坐板有无裂纹，吊带是否反兜，坐板底面及吊带有无损伤，若有问题，设备应禁止使用。

③ 吊板绳、安全绳在建筑物顶部固定后，确保剩余的长度仍比该建筑物高度长。

④ 确认高空下吊员工每人一根吊板绳、一根安全绳，严禁危险操作。

⑤ 检查高空下吊员工穿戴的保险带有无损伤，若有损伤，则禁止使用。

⑥ 检查座式登高板连接的下滑扣（“V”形扣）的固定销栓是否可靠，若有损伤，禁止使用。

⑦ 检查连接在保险带上的自锁器是否灵活可靠，若有损伤，禁止使用。

⑧ 检查吊板绳、安全绳在建筑物顶部的绑扎固定部位是否牢固，吊板绳、安全绳在建筑物顶部的绑扎固定部位不得在同一受力处，必须是分别的两处。

⑨ 检查下吊员工的着装是否符合相关要求（同吊篮操作）。

⑩ 检查吊板绳、安全绳在经过建筑物顶部“女儿墙”直角转折处是否垫有防止绳索损伤的衬垫，发现未垫，则停止工作。

⑪ 检查下吊员工佩戴工具是否都与保险带常用绳索相连接，发现未连接或连接绳索太细等问题，则停止工作。

⑫ 在该作业现场的地面区域内设置围栏作为安全区域，并安排一名地面安全员阻止行人通行，发现未安排地面安全员或未设置围栏，则停止工作。

⑬ 检查建筑物顶部安全员的工作态度，发现问题，停止工作。

（3）操作过程。

① 操作人员坐在规定位置，将所有的用具连在吊板上。

② 缓缓将吊板下放，到达第一次工作位置。

③ 用水枪对准工作位置喷水，初步除去灰尘。

④ 将抹水器浸入桶中，待充分吸入清洁剂后均匀地涂抹于墙面或玻璃面。稍后，用刮水器刮墙面或玻璃，最后用毛巾擦拭干净。

⑤ 边下滑、边作业，直至一趟作业完毕。降至地面后，卸下水桶、吊板等，再上屋顶开始第二次作业。

⑥ 整个工作过程，安全员必须自始至终在现场监督。

⑦ 完成作业后将吊板绳、安全绳收好，并检查一遍破损情况。如发现绳子破损，应做报废处理；如绳子完好，则送回仓库，放置于干燥通风的地方，并做绳子使用记录。

第五章
形象好

要打造人与环境的良好形象。良好形象能给人带去喜悦，也呈现出物业管理的良好水平，是物业管理目标之一。

一、形象好简介

1. 含义

人与环境都有优良形象。

2. 目的

良好形象能给人带去喜悦，也呈现出物业管理的良好水平，是物业管理目标之一。

良好的小区形象如图 5-1 所示。

图 5-1　良好的小区形象

二、形象好的 4 点实操

1. 本身良好形象

工作服穿着规范、干净；衣着、帽子、头发、指甲等做到得体标准。

2. 环境美化

做好绿化，维护良好整洁的环境。

3. 良好的礼仪

讲礼仪，举止美。

4. 微笑

时常保持良好的笑容。

三、员工形象好

员工形象主要指员工的穿着、行为举止、气质等。其中，员工的穿着将成为显示企业特质、突出感染力和影响力的重点，一套好的物业服务职业装在企业与员工、员工与员工之间会产生凝聚力，在员工与客户之间会建立良好的沟通与信任，在企业与社会公众之间会产生亲和力。美观、得体、质量好的企业工装，对于常与客户打交道的物业员工来说，能增强自信。①

和谐物业对各专业员工的服装规范严格，注重细节，从上衣、裤子到配饰都有详尽的要求，因此，注重服装不仅是管理者的职责，更是每位员工每时每刻的职责，这不仅代表企业的品牌形象，更代表了个人的职业素养、精神面貌。

1. 服务态度②

（1）礼貌——这是员工对业主和同事最基本的态度，在任何时刻员工均应使用礼貌用语，“请”字当头、“谢”字不离口。

（2）乐观——以乐观的态度接待业主。

（3）友善——微笑是体现友善最适当的表达方式，因此要以微笑来迎接客户及与同事相处。

（4）热情——尽可能为同事和业主提供方便，热情服务。

（5）耐心——对业主的要求应认真、耐心聆听，并尽量在不违背本公司规定的前提下办理相关业务。

（6）平等——一视同仁地对待所有业主，不能厚此薄彼。

2. 仪容仪表③

（1）整体形象：简单、大方、整洁；严格按照规定着装；着装符合工作需要及场合要求。

---

① 保安员培训方案［EB/OL］.（2013-03-02）［2020-07-21］.https://www.doc88.com/p-748646496321.html.

② 同①.

③ 客服礼仪礼貌行为规范［EB/OL］.（2017-03-16）［2020-07-25］. http://www.doc88.com/p-8929604893475.html. 有删改.

（2）精神状态：精神饱满，面带微笑。

（3）头发：洁净、整齐、无头屑、色泽自然（黑色、深棕色）。

（4）发型：男职员前发不过眉，侧发不盖耳，后发不触后衣领，不准烫发；女职员短发不过肩，如留长发须盘起，使用黑色或深棕色发髻。

（5）面容、手、身体：

① 脸、颈及五官——男职员每日剃须，不蓄胡须；女职员可化淡妆，但不能浓妆艳抹。

② 手——随时保持清洁，指甲干净，不留长指甲及涂有色指甲油。

③ 身体——注意个人卫生，勤洗澡，无异味。

④ 工作期间不准戴有色眼镜。

⑤ 上班前不吃有异味的食物，保持口腔清洁。

（6）着装要求：

① 工作场合必须按本岗位规定着装，非工作需要，外出时不得着工装。

② 工装干净、平整，无明显污迹、破损。

③ 工装衣、裤口袋整理好，不卷裤脚、衣袖。

④ 工装纽扣按规范扣好，着西装时衬衣袖口可长出西装外套袖口 0.5~1cm。

⑤ 裤子要烫直，长及鞋面。

⑥ 工牌佩戴在上衣左胸上方居中位置，男士上衣口袋正中上方约 1cm 处。

3. 行为礼仪[①]

（1）整体要求：在办公场所内保持正确的坐姿、站姿和行姿等。体态保持端正、自然，工作中做到走路轻、动作稳，使用礼貌用语。

（2）站姿：

① 男职员站立时，应保持精神饱满，收腹挺胸，抬头，目视前方，双肩摆平，双臂可自然下垂也可交叉置于前腹，两脚自然合拢或分开与肩同宽。

---

① 客服礼仪礼貌行为规范［EB/OL］.（2017-03-16）［2020-07-25］. http://www.doc88.com/p-8929604893475.html. 有删改 .

② 女职员站立时，抬头，目视前方，收腹挺胸，两手可自然交叉置于前腹，面带微笑。双腿并拢直立，脚尖分开呈“V”字形或丁字形。

（3）坐姿：

① 入座时要轻，两膝自然并拢，上身保持直立稍向前倾，坐在椅子的2/3处为宜。

② 男职员两腿略为分开，与肩同宽，双手自然放于膝盖上。

③ 女职员入座后将裙角收拢，两腿并拢，腿向回收，脚尖向下。双脚同时向左或向右放，或一前一后，双手叠放于腿上。

（4）行姿：

① 抬头挺胸，目视前方，面带微笑。手臂前后摆动适中均匀，保持平衡，协调、精神。

② 男职员行走时要保持与肩同宽的两条平行线。

③ 女职员行走时应保持一字线。

（5）蹲姿：一脚在前，一脚在后，两腿向下蹲，前脚全着地，小腿基本垂直于地面，后脚脚跟提起，脚尖着地，臀部向下。

（6）手势：在示意方向或人物时，应用掌心，掌心斜向上，四指并拢，切不可用手指；在示意他人过来时，应用手掌，掌心向下，切不可掌心向上。

（7）微笑：

① 真诚亲切、自然大方。

② 微笑时，牙齿微露，眼睛要正视对方，并保持自然的微笑，同时要接受对方的目光，微笑应贯穿礼仪行为的整个过程。

③ 3 米之内见微笑，1 米之内听问候。

（8）目光：柔和亲切。与人沟通时，不能左顾右盼，也不能注视对方时间过长，道别或握手时，应该注视对方。

（9）语言：声音清晰、悦耳、自然、友善。多用礼貌用语。

4. 礼貌应用举例

（1）当有业主来访时，应起身站立，行欠身礼，面带微笑，热情、主动问候，使用礼貌用语，如“您好，我可以帮您吗”，耐心了解业主的来意，并根据业主的需求积极予以帮助。

（2）对业主的咨询，应细心倾听后再做解答，解答问题要耐心。不能准确解答时应表示歉意，如“对不起，请稍等，我帮您问一下”，并及时向业主反馈。

（3）请业主出示所需的证件时，使用“请您……”“谢谢您的合作”等礼貌用语。

（4）业主交费时，将开具的发票收据和零钱以双手奉上，并说：“这是您的发票和零钱，请收好。”待业主确认无误后，向业主表示感谢。

四、绿化好[①]

住宅小区的绿化是重要的事。一方面，小区绿化植物能够净化空气、减少尘埃、吸收噪声，改善小气候、遮阳降温、降低风速，而在炎夏静风时，其可以促进空气交换。另一方面，多姿多彩的花草树木，丰富多样、层次分明的植物布置，加上少量的建筑小品、水体等点缀，有利于美化居住区的面貌。另外，在良好的绿化环境下，居民有良好的心情参加户外活动和进行社会交往活动，有利于人们身心健康，有利于创建和谐的社区环境。

绿化管理作为物业管理的一项重要内容，看似简单，实际包含着很多科学内涵，违背科学规律，单凭主观意志尤其是个人意志行事会造成很大损失。

1. 绿化的作用

舒心愉悦的环境是促进消费的一大重要因素。

① 物业百晓生. 小区绿化管理制度（七）[EB/OL].（2013-07-16）[2020-08-05].https://xuetang.iwuye.com/lvhuazhidu/201307/88370.shtml. 有删改.

（1）修身养性：绿地是人们休闲、娱乐、进行体育锻炼的场所，起到丰富生活、消除疲劳、令人身心愉悦的作用。

（2）美化生活：绿植对建筑、设施、场地能够起到衬托、显露作用，可以美化环境。

（3）保护环境：做好绿化能够净化空气、吸附尘埃和有害气体，阻挡噪声，有利于环境卫生。

（4）营造良好环境：小区内部绿化点缀能营造一个良好的环境。

2. 绿化分类

外部绿化草坪及植物；内部盆栽植物。

3. 选择

居民区绿化时选择既好看又实惠的植物进行布置，使观赏、功能、经济三者结合起来，取得良好的效益。

4. 场内外绿化管理规定

（1）人人都有义务维护场外植物、绿地及场内盆栽植物。

（2）不准攀折植物。

（3）不准损坏花坛、绿地及花木保护设施。

（4）不准人为践踏绿地，车辆不准跨越绿地。

（5）不准在绿化带堆放杂物。

（6）不准在绿化带内设置广告招牌。

（7）当人为造成花木、绿地及保护设施损坏，物业可按有关规定进行处理。

5. 小区内部盆栽植物的管理

（1）施肥：根据盆栽植物的不同生长发育时期的特殊要求，追施化学肥料，并保证现场无异味。

（2）换盆：根据植物的大小和生长速度的快慢选择相应的花盆，在小区管理处力所能及的范围内执行换盆（由绿化公司协助）。

（3）浇水：根据植物的特点，每日或隔日浇水。原则是水温与室温接近，浇水一定要浇透，盆土应经常保持湿润，不要过干、过湿，也不要时干、时湿。

（4）采光：植物在见光处进行一定的光合作用，可根据花卉耐阴喜阳程度和生长情况及习性，经常性地将一些喜阳花卉移到阳面。

6. 小区外部草坪植物的管理

（1）浇水：根据不同的季节、气候，以及草皮生长期、植物品种决定浇水时间（早、中、晚）和浇水量。

（2）施肥：根据土质、植物生长期、植物品种和培植需要，决定肥料种类及用量大小。

（3）清除杂草及松土：根据季节、草坪生长状况对小区草坪内的杂草进行清除，并对土地进行相应松土，以利于草皮规范生长。

（4）修枝整形：根据植物的形状，以利于观赏为目的，依植物品种及生长情况等因素进行修剪整形。此项目通常在冬季进行。

（5）禁止事项：禁止踏入草坪，禁止折枝、在树枝上悬挂物件，严禁用铁线紧箍树干影响树木生长，严禁任何人员在草坪内以体育锻炼形式损伤植物。

（6）防止损坏：加强宣传教育及保安巡视，竖立告示牌，防止人为毁坏，做到预防在先。

（7）定期洗尘：由于草坪紧靠道路，人与车辆流动多，尘土飞扬，会影响树木生长和美化效果，故养护人员应定期用水喷淋清洗草坪及树木。

7. 小区内外绿化管理应达标准

（1）植物盆内无烟蒂、杂物、落叶、枯枝；无较厚浮尘，保持叶色翠绿。

（2）各类植物无枯萎、凋谢现象。

（3）盆缸清擦干净，无污渍。

（4）草坪修剪整齐，无高低不平现象。

（5）枝叶修剪齐整，无杂乱现象。

（6）草坪干净，无纸屑、杂物。

（7）各类植物无病虫害。

（8）严格管理草坪，禁止人为践踏，影响美观。

花草树木，有适当的水、土和阳光，就能很自然地生长，或者自然形成一个平衡的生态系统。因此，很多时候，并不需要人过度地去干涉，简单修剪即可（见图 5–2）。

图 5–2 修剪植物①

① 本书中涉及的真人照片，已得到被拍摄者的使用许可。

第六章
安全好

做好预防、时常检视，达到人、财物与环境三方面安全。

一、安全好简介

1. 含义

做好预防、时常检视，达到人、财物与环境三方面安全。

贯彻“安全第一，预防为主”的方针，消除事故隐患，落实工作场所的安全保障措施，保证人身安全、财产安全和环境安全。

2. 主要内容

（1）建立、健全各项安全管理制度。

（2）对操作人员的操作技能进行训练。

（3）及时检查安全情况。

（4）建立安全环境。

3. 目的

安全就是创造一个零故障、无意外事故发生的环境，让人身与财物不受伤害，可细分为以下几点。①

（1）让员工放心，更好地投入工作。

（2）没有安全事故。

（3）有责任有担当，万一发生突发事件能够应对。

（4）管理到位，使客户信任和放心。

安全不仅仅是意识，它需要当作一件大事独立、系统地开展工作，并不断维护，有时会因为细小的疏忽而酿成大错，光强调意识是不够的。因此，我们将其位置提升到维护之前，成为一个行动要素。②

东汉思想家荀悦曾总结出“先其未然谓之防，发而止之谓之救，行而责之谓之戒。防为上，救次之，戒为下”。这用于当今物业安全管理上也是精辟

---

① 锦苑宾馆财务部．库房管理培训 PPT［EB/OL］.（2014-08-20）［2020-08-12］.https://wenku.baidu.com/view/ 42ff2a7e58fb770bf68a5509.html.

② 安全管理网.6S 管理理论［EB/OL］.（2011-08-16）［2020-08-13］. http://www.safehoo.com/Manage/Theory/201108/196402_2.shtml.

的方法论。

二、安全好的 10 点实操

1. 完善安全管理措施

如设定现场安全作业基准、预防火灾的措施、安全注意事项等。

设定现场安全作业基准可参照以下内容。①

（1）物品按规定放置，堆积时要遵守高度限制，避免倾倒。

（2）办公区、小区内配灭火器、消防栓，出入口、疏散口禁止堵塞。

（3）电线安装符合安全用电规定，无乱拉电线问题。

（4）区域内高压配电房、压力容器、电梯等特种设备应由专人操作、维护。

四防一必须：有水防滑；低矮防碰；拐弯防撞；狭窄防挤；必须有提示。

2. 对设备进行安全操作标示

采用易懂的图片形式进行标示。对于操作技术要求严谨的，生手必须在相关人员的指导下操作，直到熟练掌握后才可独立操作。正确使用电器、工具，防止意外事故的发生。

3. 设“紧急出口”标志和安全疏散指示

在各分区张贴逃生路线图、紧急事故应变指引。

4. 掌握紧急呼救基本知识

（1）有火情发生时应立即拨打电话“119”。

（2）有违法事件时应立即拨打电话“110”。

（3）有交通事故时应立即拨打电话“122”。

（4）有危重病时应立即拨打电话“120”。

---

① 浙江绿城物业管理有限公司．“8S”管理标准化工作手册（试行）定稿［EB/OL］.（2013-04-11）［2020-08-17］. http://www.doc88.com/p-7995940966706.html.

5. 防止感染等卫生安全事件发生

生熟食品分开存放，垃圾桶加盖，生吃的食物必须洗干净。

6. 隐患及时消除

找出存在安全隐患的地方并找到合理的解决办法，如对煤气管道定期检查。

7. 安全知识有教育

事先进行训练是防范的好方法。例如，知晓安全常识；开展处理紧急情况（火警、急救）的训练。

8. 需消毒场地或者工具按规范清洗消毒

有消毒设备或者对应做法。

9. 灭火器及其他安全设施应在指定位置放置并处于可使用状态

设置急救药箱，明确位置，定期检查急救用品及消防设备。

10. 建立安全环境

综合方面如整体布局、安全意识教育和配置完善的安全设备等。细节方面如为防滑倒，装修地板时多采用防滑砖，如果已经装修不方便改，建议加装防滑地胶；设置用电安全提示。

三、物业安全管理的常见事项①

此处以写字楼为例，安全管理的常见事项包括治安管理、消防管理、车辆管理、装修管理等。

1. 治安管理

（1）加强治安防范。主要是加强安保措施，配备专门安保人员和安保设备（报警装置、门户密码开启装置、闭路电视监控器等），加强写字楼内部及外围保安巡逻，防止人为破坏治安秩序，杜绝各类可能发生的事故。

① 第 12 章 – 各类物业的管理与服务[EB/OL].（2010–07–10）[2020–08–10].http://jz.docin.com/p–63457058.html. 有删改 .

（2）建立有效的保安制度：

① 按需配齐保安固定岗和巡逻岗的实际人员。

② 确定巡逻的岗位和线路，定时定点定线巡逻与突击检查相结合，特别注意出入口、隐藏处、仓库、车库、车棚等地。

③ 建立24小时固定值班、站岗和巡逻制度，做好交接班工作。

（3）日常工作要求：

① 与街道办、派出所建立密切联系，随时了解社会治安动态。

② 采取发放通行证、出入证，来访登记措施，控制人流、物流、车流。

③ 有效控制外来人员，确保形迹可疑人员或无明确目的的探访人员不在社区逗留。

④ 外来施工人员或供方人员需进行登记、佩戴明显标志，对其行为举止进行有效管理。

⑤ 加强物业基础档案的管理，熟悉业主和使用人基本情况，掌握物业管理区域内的结构布局、设备性能等情况。

⑥ 及时、正确处理各种突发事件。

⑦ 填写每日工作信息和特别工作报告。

⑧ 严禁保安人员滥用权力，如使用暴力、随意搜身等。

2. 消防管理

（1）消防工作的指导思想是以防为主，宣传先行，防消结合。

（2）一般写字楼的消防系统主要有：

① 干式消防系统。

② 湿式消防系统。

③ 消防联动机构。

④ 火灾报警系统。

（3）消防工作的展开：

① 进行消防宣传。

② 建立三级防火组织，并确立相应的防火责任人。

③ 把防火责任分解到各业主、租户单元。

④ 明确防火责任人的职责，制定防火制度。

⑤ 定期安排消防检查，根据隐患限期整改。

⑥ 设定防火工作措施。

⑦ 配备必需、完好的消防设备设施。

⑧ 及时消除火灾苗头和隐患。

⑨ 建立自防、自救组织。

⑩ 明确火灾紧急疏散程序。

⑪ 建立消防档案。

⑫ 制订灭火方案及重点部位保卫方案。

⑬ 保证消防通道畅通，无阻碍物和不符合消防规定的门等设施。

3. 车辆管理

（1）停车场应有清晰、有效、规范的安全、交通标识。

（2）针对机动车（不含摩托车）施行一车一单据（纸制凭据或电子凭据）、进出有凭据或车辆进出要登记的封闭管理，纸制凭据和电子凭据至少保存一个月。

（3）机动车停放整齐有序，指挥车辆动作标准规范。

（4）夜晚在机动车场值勤的安全员应着反光衣。

4. 装修管理

（1）装修审批手续齐全。

（2）装修施工人员有统一识别标志。

（3）装修现场关闭通向公共通道内的门窗，禁止灰尘影响其他业主。阳台禁止堆放装修物品和其他易燃易爆物品。装修现场禁用明火，禁止乱拉电线，禁止使用大功率电器，特种作业需取得相关资质证明。

（4）装修现场配备一定的消防器材，原则上每 50 平方米至少配备 1 台 2

公斤的灭火器，不足50平方米的，按50平方米计算。

（5）装修期无破坏周边环境现象，规定装修垃圾在指定时间搬运到指定地点。

（6）装修监管制度和流程完善，有明确的责任分工和责任人。

5. 保安风险的规避

治安方面——协助警方；明确合同约定的事项；处理突发事件；注意留存有利证据。

消防方面——主要监控装修期间的情况；注意电器的使用；建立好消防档案；加强设施管理；学会消防自救；提高人员素质。

停车方面——合理收费；防盗；减少损坏；加强监控；进行车辆的检查。

四、紧急事件处理①

1. 火警火灾处理

了解和确认起火位置、范围和程度；报警；清理通道，迎接消防车；组织人员疏散和抢救物资；组织义务消防队在保证安全的前提下控制火势；封锁现场，等待有关人员到达。

2. 燃气泄漏处理

不可控时，立即通知燃气公司；到达现场，禁止使用任何电器，避免产生火花；关闭气阀，打开门窗；视严重情况，疏散人员；有人受伤，送往医院；燃气公司到达后，协助排查，消除隐患。

3. 电梯故障

乘客被困，通过监控轿厢内情况，对被困者进行安抚；立即通知专业人员到现场救助；重点关注老人、孩子、孕妇；督促维保单位彻查，消除隐患；将事故记录备案。

---

① 第12章－各类物业的管理与服务［EB/OL］.（2010-07-10）［2020-08-10］.http://jz.docin.com/p-63457058.html. 有删改 .

4. 电力故障处理

（1）突然停电时，相关人员立即到现场查明情况，确认故障源，组织抢修。

（2）有备用电源或发电设备应立即切换供电线路。

（3）立即派人检查确认电梯内是否有人，做好应急处理；同时加强防范，确保不因停电而发生异常情况。

（4）恢复供电后，要检查电梯、消防系统、安保系统的运转情况。

5. 恢复供电后应做的事

（1）恢复供电后应先检查各类家用电器与设备是否处于安全待机状态。

（2）恢复供电后，合闸顺序应为各配电房—分配房—开关箱—家庭总闸—分闸。

（3）恢复供电后，应等待一段时间，待电压稳定时再打开电器。

6. 漏水处理

检查漏水位置及水质；若漏水可能波及电气设备，立即通知相关部门或人员采取紧急措施；排出积水，清理现场；现场拍照，留档备用。

7. 高空坠物

发生高空坠物后，有关管理人员立即到现场确定造成的损失。若伤人立即送医院，若财产损坏要保护现场，拍照取证并通知相关人员。确定坠落物来源；及时协调受害人与责任人处理；事后张贴提示标志，告知业主。

五、装修现场消防处理案例①

某日凌晨，保安像往常一样对大厦进行巡视，当巡逻至 11 层时，发现 1101 室窗内有火光，巡视保安一边向出事地点奔去，一边用对讲机向班长报告。闻讯后班长及增援的保安提着灭火器立即赶到现场，1101 室已浓烟

---

① 第 12 章 – 各类物业的管理与服务［EB/OL］.（2010–07–10）［2020–08–10］.http://jz.docin.com/p-63457058.html. 有删改 .

滚滚。此时室内的装修民工乱成一团，正试图灭火。地上被打翻的蜡水及装修材料正熊熊燃烧，旁边还有一只液化气罐，液化气罐一旦爆炸，后果不堪设想。

班长当即命令先将液化气罐搬离现场，同时疏导室内装修人员撤离，自己则和其他保安抱起灭火器，顶着火焰和浓烟向燃烧点靠近，轮番喷射，火终于被扑灭了。事后查明起火原因是该室装修人员用液化气罐烧烤蜡水，导致蜡水温度过高，引起火灾。

点评：

虽然保安发现火情时能够迅速反应、及时组织灭火，但忘了打 119 报警。如果火势发展凶猛，单靠保安的力量控制不了，再打 119，将延误救火，后果不堪设想。服务中心应吸取教训，完善突发事件处置方法培训，提高保安处理突发事件的能力。

严格规定现场必须配备灭火器，禁止违章动火作业、存放液化气罐等，服务中心在办理装修手续时就应对装修现场的消防安全做出明确规定，加强装修管理的力度和对装修人员消防安全知识的宣传，加强对装修现场的巡查，对不规范操作和危险行为及时发现、坚决制止。

第七章
维护好

善用制度和视觉管理，与时偕行，贯彻执行和维护前几个环节成果。

一、维护好简介

1. 含义

善用制度和视觉管理，与时偕行，贯彻执行和维护前几个环节成果。

确切地说，维护活动包括利用创意更好地维护环境。

“维护”一词，原本指维持保护，使免于遭受破坏。在八好管理中，如何维护成果呢？关键就是定出合理制度、方法，定期检查，以及养成维护的习惯。

2. 主要内容

（1）完善制度。

（2）时常检查摆设、清洁、安全情况，及时纠正不达标现象，补贴标签。

（3）运用视觉管理。

（4）培养维护的观念和习惯。

3. 目的

维护整理、整顿、清扫、安全等的成果。

注意点：制度化，定期检查。要认真对待每一件小事，有规定按规定做。

二、维护好的 10 点实操

1. 制定责任制度、检查标准

（1）责任划分明确，使整理、整顿、清洁、安全有人负责，检查时可以追究。

每一个岗位、区域都有专人负责，并将负责人的名字和照片贴在相应处，避免责任不清、互相推诿的情况发生，且通过不断鼓励，增强员工荣誉感与上进心，即使主管与经理不在，员工也知道该怎么做和自己要负的责任。

垃圾箱明确标明责任人，符合个人清洁责任的划分及认同，责任划分明确。

对不遵守者有明确的处罚。这涉及两个重要方面，一是维护，二是促进修养（对乱弃置垃圾者进行处罚，引导人们按正确的方法做）。[①]

运用制度管理的方法，也可见于古代。一次我路过宜宾码头，就发现几百年前的环保碑刻（见图 7–1），其是一位姓李的县令所立，明确规定：东关水门，禁倒污秽，就近居者，各宜遵守，倘敢故犯，立即重罚。

图 7–1 环保碑刻

（2）制订查检表。[②]

推行任何活动，除了要有一个详尽的计划表，在推行的过程中还需要对每一个重要项目进行定期检查，根据检查反馈所得的资料，采取相应的措施对活动的进程加以控制。要落实管理行为并突显成效，查检表是一项重要的工具。

查检表是对重要项目进行定期检查时所采用的表格，是确定八好管理活动执行进度的工具。通过查检表的应用，管理者能够得知项目推行进展的最

---

① 如何在城市成功推行六好管理 – 城市管理好方法［EB/OL］.（2011-11-01）［2020-08-07］. https://wenku.baidu.com/view/d2df4ffa04a1b0717fd5dd32.html.

② 邹金宏 . 现代餐饮六好管理实操［M］. 广州：广东经济出版社，2012.

新情况。一旦发现活动出现偏差，就可以根据检查所获得的资料及时采取适当的修正措施。

查检表也可以作为互相查检的工具。无论是哪一种查检行动，都要从本身开始，并与大家一起进行改善，使改善的事项明确化，同时通过与其他单位查检结果的比较，借鉴别人的经验，作为自己单位改善工作的模板。

查检表上的项目要随着八好管理活动的执行过程、各单位现状等而改变，不能一直使用同一套表格，否则看不到需要改善的项目变动的过程。

在八好管理活动的推行过程中，也需要引入PDCA（计划、实施、检查、处理）循环：在计划阶段，主要拟定活动目标，进行活动计划及准备；在实施阶段，要执行宣传、训练等实际工作；在检查阶段，运用查检表等工具进行查核；在处理阶段，针对查检到的异常情况采取一些必要的改进措施。

公共区域查检表示例如表7–1所示。

表7–1　　公共区域查检表示例

标准	查检情况
没有用途不明之物	
没有内容不明之物	
没有不要之物	
没有乱放之物	
地板上：无废纸、灰尘、杂物、烟蒂	
墙壁上：无过时的标语、通知，无过期的公告物品，无无用的箱、架，无损坏的时钟	
无不再使用的配线配管、不亮的灯管，设施、设备完好	
标识清晰，无破损、卷边等	
垃圾桶清洁、不污染墙面	

通告、公告等都是在告知，是目视管理的一种常用方法。

布告通告的注意事项如下。

① 要在指定场所张贴，不要随便到处张贴。

② 指明有效的期限或随时更新。

③ 悬挂的位置、地点都必须仔细地考虑，以便阅读者能看到全部内容。

④ 公告、通告的内容最好使用计算机打印。

通告、公告、信息、废旧电池的管理，彰显企业形象。应没有用途不明之物，没有内容不明之物，没有乱放之物，标识清晰，无破损、卷边等。小区公共区域示例如图 7–2 所示。

图 7–2 公共区域示例

垃圾桶离墙壁约 2 厘米，带盖子的垃圾桶应以打开盖子时不碰到墙面为宜，避免破坏墙面及污染墙面，必要或可能的情况下画线定位放置（见图 7–3）。

图 7–3　垃圾桶摆放示例

办公区查检表示例如表 7–2 所示。办公区示例如图 7–4 所示。

表 7–2　　办公区查检表示例

标准	查检情况
无不要的或过期的东西（包括电子文档、纸质档案、文具用品、公告、通告等）	
地上、门窗、墙壁清洁	
桌面、抽屉内、柜子上没有灰，不杂乱，无破旧的书籍、报纸	
工作椅（凳）正常完好	
办公设备无污浊及灰尘	
办公设备处于正常状态，无故障	
管路配线不杂乱，电话、电源线固定得当	
饮水机干净	

续表

标准	查检情况
报架上报纸整齐摆放	
文件柜、文件架内文件取拿方便	
盆景摆放合理，枝叶没有枯死或干黄情况	
没有乱放的个人物品	
使用公物时，能确实归位，并保持清洁	
个人离开工作岗位，物品整齐放置	
下班时设备电源关好	
下班时整理清洁桌面	

图 7–4　办公区示例

设备房查检表示例如表 7–3 所示。设备房示例如图 7–5 所示。

表 7–3　　设备房查检表示例

标准	查检情况
设备上无不必要的物品、工具	

续表

标准	查检情况
计测器、工具等正确保管，摆放整齐	
设备卡、巡检表定期记录，定位放置	
设施、设备、工作台、地面、门窗、墙壁没有灰尘	
设施、设备、地上画线无油漆剥落	
管路配线不杂乱，电话线、电源线固定得当	
清洁工具、用品分类归架或悬挂存放	
紧急联系电话清晰准确	
人员动向登记栏清晰准确	

图 7–5　设备房示例

维修间查检表示例如表 7–4 所示。

表 7–4　　维修间查检表示例

标准	查检情况
无不要的或过期的东西（包括文件、标识等）	
地上、门窗、墙壁清洁	
管路配线不杂乱，电话线、电源线固定得当	
物料架、工具架分类清晰，物品取用方便，所有工具、零件等定位摆放并有标识	
消耗品（如抹布、手套、扫把等）定位摆放，定量管理	
明确位置，按使用频度摆放用具，并隔离摆放沾有油的抹布等易燃物品	
物品摆放与通路平行或呈直角	
人员动向登记栏清晰准确	

仓库查检表示例如表 7–5 所示。

表 7–5　　仓库查检表示例

标准	查检情况
物料架、工具架分类清晰，物品取用方便，所有工具、零件等定位摆放并有标识	
地上、门窗、墙壁清洁	
物品摆放与通路平行或呈直角，不许堵塞通道	
限定堆高高度	
隔离不合格品	

标识查检表示例如表 7–6 所示。

表 7–6　　标识查检表示例

标准	查检情况
清晰，无破损、卷边等	
危险品有明确标识	
符合企业 VI（视觉识别）手册的规定	
保证标识有效性，状态或性质变化后，及时变更标识	

员工的修养也是极为重要的。修养的实践始自内心而行于外，由外在的表现去塑造内心、提高修养是八好管理活动的最终目的。例如下面的修养查检表（见表 7–7）有助于外在行为的规范，项目包括日常活动、服装、仪容、行为规范以及时间观念等。穿着与站姿示例如图 7–6 所示。

表 7–7　　修养查检表

标准	查检情况
语言礼貌	
举止文明	
着装整洁、符合规定	
工作主动、热情	
有强烈的时间观念（不迟到、早退、无故缺席）	
工作态度良好（不谈天、说笑、看小说、打瞌睡、吃东西）	

图 7-6　穿着与站姿示例

实践表明，八好管理开展起来比较容易，可以在短时间内取得明显的效果，但是要长期持续、不断优化并不容易，容易出现“一紧、二松、三垮台、四重来”的现象。因此，必须通过标准化的措施，将八好管理的成果巩固下来，八好管理的标准不应是一成不变的，在管理过程中，改善和标准化是紧密关联而又不可分割的，改善是标准化的基础，标准化是对改善的巩固。没有改善就没有更新的标准化，而没有标准化，所有的改善则只能是周而复始的重复，员工不会累积新的技术经验而形成层次的提高或突破。如果活用改善和标准化，让这两者相互依存、相互促进，将能够预测问题，甚至可以及早地做好防范。[①]

企业可以采取多种方式将八好管理要求进行标准化，如纳入管理体系、纳入公司标准库、申报管理服务标准模块等，将成果固化下来。

---

① yuyang. 标准化和改善的关系［EB/OL］.（2008-10-29）［2020-07-26］. http://www.sgwk.info/5s6s7s/20081029203.html.

2. 现场工作指引（工作注意事项或提示）[①]

例如，各项设备有清晰的操作指引，有节约能源提示。

图 7–7 为打印机操作说明，站在使用人的角度，指引使用人按照正确的步骤进行操作，包括正常状态下的操作流程及出现异常或故障等特殊情况下的操作说明。

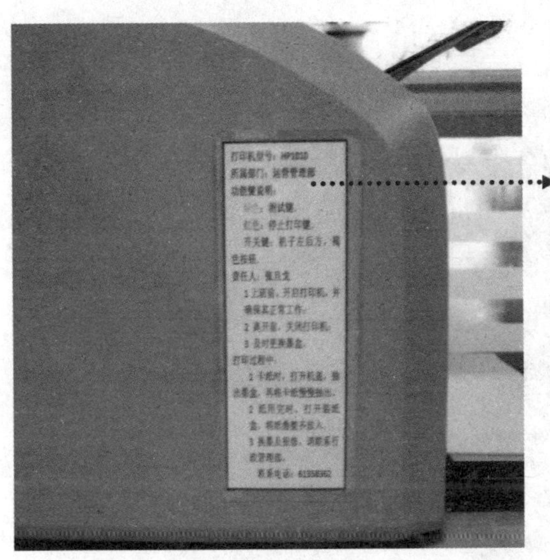

功能键说明
绿色：测试键、重新开始打印键。
红色：停止打印键。
开关键：打印机左后方，褐色按钮。
打印机操作说明
1.根据打印数量，将适量的打印纸叠放整齐，放入纸盘并卡紧，如果是废纸利用或双面打印，请将可打印面朝上。
2.操作电脑进行打印，若打印过程中需终止打印任务，请按红色功能键结束打印任务；若打印中缺纸，重复第一个步骤，并按下绿色功能键即可。
3.卡纸时，打开机盖，抽出墨盒，再将卡纸慢慢抽出。
4.换墨及报修，请联系_________。
联系电话：

图 7–7　打印机操作说明

3. 时常检查摆设、清洁、安全情况，及时纠正不达标现象

时常检查涉及随时、每班次、每天、每周、每月或每隔更长的一段时间检查，具体可据实际情况定。

在具体执行方法上，主要是要培养员工自检习惯，同时高层主管要经常带头巡查，以表重视。

4. 记录对与错[②]

有记录，时常分析改善工作。

---

① 深圳市中航物业管理有限公司 . 中航物业五常法推进指导手册［EB/OL］.（2012–04–19）［2020–08–01］. http://www.doc88.com/p-163108301447.html. 有删改 .

② 同①.

记录方法：定点摄影。定点摄影主要是通过对现场情况的前后对照和不同单位的横向比较，促使各单位做出整改措施。在定点摄影的运用过程中，每个单位只需要贴出一些有代表性的照片，并在照片上详细标明以下信息：具体单位、违反了八好管理的什么规定。改善前的现场照片促使各个单位为了本单位形象而采取解决措施，而改善后的现场照片能让各单位的员工获得成就感。整改后的现场照片如图 7–8 所示。

图 7–8　整改后的现场照片

各单位可制作一张定点摄影自检表（见表 7–8），并进行定点摄影评比，感受改善前后的变化。

表 7–8　定点摄影自检表

内容	改善前	改善后
文件、资料		
公告、通告		
维修工具、器具、材料		
办公桌		
应急、抢险物资，消防器材		
易燃、易爆、有毒及污染环境、限制储存的物品		
钥匙		

续表

内容	改善前	改善后
安全操作用具		
保洁工具、器具		
绿化工具、器具		
临时堆放的物品		
其他		

5. 制定奖惩制度，加强执行

要有通告栏，公示奖惩，以警示和激励员工。

6. 目视管理

目视管理是能看得见的管理，能够让员工用眼看出工作的进展状况是否正常，并迅速地做出判断和决策。

（1）目视管理的方法。

目视管理常见的有张贴合适的标签，如合格标记、位置标记、安全标识、名称标识、色彩管理（颜色代码），具体方法如下。

① 色彩管理。

色彩管理不仅能创造出一些颜色代号，而且能创造出一个统一规范、轻松、愉快的工作环境。路口上的指示信号没有用“停车、等待、通行”等文字标识，而是使用了让人一目了然的红、黄、绿三色信号灯，这就是色彩管理的实用价值。

标识、标志、提示等标牌色块选用的常见规定如下。

警示、警告类——红色。

警戒类——黄色。

指令类——蓝色。

提示类——绿色。

② 视觉监察法。[①]

在空调或风扇出风口处系上小小丝带，很容易就能分辨出其是否在工作。这种方法被称作视觉监察法。

在现场管理中，目视管理的应用实例比比皆是。如在通道拐弯处设置一个反光镜，以防止撞车；在螺母上做记号，以确定固定的相对位置，判断螺母是否松动；在关键部位，用灯光照射，以引起注意；用顺序数字表明检查点和进行的步骤；用图片作为操作的指导；通告、海报等可以告知信息，也是目视管理的一种常用的形式。这些管理办法直观易懂，不仅传递信息快，信息公开度、透明度高，还便于现场各方面人员的协调配合与相互监督，显示了员工在现场管理中无穷的创意。现场的作业人员还可以通过目视管理将自己的建议、成果、感想展示出来进行交流。

（2）目视管理中有效的管理手段及其产生的作用。

① 用警示线确定区域功能。

对象：高、低压配电柜；变压器；发电机组；空调冷水机组；锅炉；消防箱等。

基准形状：遵循公司内部标准（通常为黄黑纹）。警示线如图 7–9 所示。

图 7–9　警示线

实现的步骤如下。

首先，将需要粘贴的部位清理干净。

① 深圳市中航物业管理有限公司.中航物业五常法推进指导手册[EB/OL].(2012-04-19)[2020-08-01].http://www.doc88.com/p-163108301447.html.有删改.

其次，在贴转角接头处时，应将警戒带头先裁成45° 角后，再将两个45° 角对接。

再次，警戒线要横平、竖直。

最后，如果空间能满足需求，安全警戒线不要粘贴在橡胶绝缘垫上。

产生的作用：提醒外来参观、检查的人员，防止其触及设备，防止发生意外。

特别说明：

第一，在贴有安全警戒线的设备房内，必须有“非操作人员请勿进入安全警戒线内”的提示。设备房内只有单一安全警戒线的，提示可贴在警戒线内，设备房内有多条警戒线的，提示可贴在设备房进门处。字体为宋体，字的大小可根据实际情况选择，要求较醒目，字的颜色为黄色。

第二，可用油漆在地面上刷出线条。

警示线具体示例如图 7–10 所示。

图 7–10 警示线具体示例

② 物品的形迹管理。

实现的步骤如下。

首先，在物品放置处画上该物品的现状。

其次，标出物品名称。

再次，标出使用者或借出者。

最后，必要时进行台账管理。

产生的作用如下。

第一，明示物品放置的位置和物品数量。

第二，物品取走后的状况一目了然。

第三，防止需要时找不到工具的现象发生。

7. 养成维护的观念和习惯

维护的三个观念：

（1）只有在良好的工作场所才能生产和提供高效率、高品质的产品与服务。

（2）维护是一种用心的行动，千万不要只在表面下功夫。

（3）维护是一种随时随地的工作，而不是上下班前后的工作。

时常重复做一件事就会养成习惯，自觉接受与积极坚持会加速习惯的养成。

维护活动的习惯要点是坚持“4 不”，即不放置不用的东西；不弄乱；不弄脏；不违反安全操作规程。

总体来讲，培养维护的观念，包括通过管理、温馨提示，纠正业主不良习惯，防止“脏乱差”现象的发生。优良的物业区域环境的造就是管理者与被管理者相互作用的结果，也需要管理标准与业主素质不断调适，当业主养成良好的卫生习惯时，物业才真正做好了环境整治。①

8. 有清晰的部门 / 办公室的标签、名牌和工作证

在各部门与办公室，设置合适的标签与名牌，此外，相关人员应佩戴工作证，以表明接受规范的管理。

9. 环境好且杂物少

在适当的位置摆放盆栽、插花，保持舒适、安全及透明度高的工作环境，以简单为大美，具体内容如下。

（1）在适当的位置摆放盆栽、插花。

随着社会的进步，人们对室内环境的要求不断提高。把大自然的景观加

---

① 第一节清洁管理概述[EB/OL].（2009-06-14）[2020-08-03]. http://www.docin.com/p-24002576.html.

工提炼引入室内，为人工的建筑环境增添生机和活力，使室内空间自然化，已成为室内设计和装饰的一种新要求和发展趋势。①

（2）注意空气流通。

（3）整体摆设美观。

10. 开辟八好宣传栏，设置八好博物馆

展示八好管理活动的记录，如照片、审核记录及培训记录。

① 任艾英. 室内绿化设计研究［J］. 山西农业科学，2008（8）.

第八章
修养好

欲强其国，先强其民；欲强其民，先正其心。一个企业的发展与其员工的修养有着密切的关系。

一、修养好简介

1. 含义

力行美德，检查修正，遵守八好，文明礼貌，沟通合作，利企利世。

这里所说的利企是指对企业有利，利世是指对世界有利。建议员工每日、每月思考能为企业做什么，每年思考能为世界贡献什么，并做出有意义的行动。

修养的内容是很广的，为了提升自身修养，大家可以从以下五方面做起：一是自觉遵守八好规则，养成良好习惯；二是培训学习，检查修正；三是学习礼仪；四是沟通合作；五是培养自己利企业、利天下的高尚品德。并且，前四方面为日常内容，最后一方面为发展指引。

修养的特点是化外为内，化行动为品格，将内在的美体现于外。

2. 主要内容

修养的主要内容包含以下几个方面。

（1）遵守八好管理活动规定的事，推而广之，对于企业规定的事，大家都遵守执行。

（2）礼仪训练活动。礼仪是一个人内在素养的外在体现，修养提升应首先从礼仪训练开始。

（3）培训与提升活动。例如开展沟通、执行力培训，形成自觉遵守规则、力行修养的习惯。

（4）做好八好管理审核，检查修正。

（5）修己以利企利世。

3. 目的

修养好是八好管理的重心，更是工作所期盼的“最终目的”。在八好管理活动中，我们不厌其烦地指导员工整理、整顿、清扫、安全和维护等活动，其目的不仅仅在于希望员工将物品摆好、擦拭干净而已，更在于透过简单的行为，潜移默化改变员工气质，使之养成认真工作和生活的良好习惯。企业应向每一位员工宣传遵守规章制度、工作纪律的意识，此外要强调创造有良好风气的工作场所的意义。如果大多数员工都对以上要求付诸行动，那么少数修养不高的员工就会自觉抛弃坏的习惯，转而向好的方面发展。[①]

修养的目的具体表现在以下四个方面。

（1）彰显与提高员工修养。

（2）培养遵守八好规则的员工。

（3）让员工胜任工作，有利于企业发展。

（4）做有利于世界的有修养的人，过幸福的人生。

人与世界是紧密相连的，只有整个世界好，才是真正的好。而爱他人、爱环境等大爱的美德，是实现整个世界美好的基本原则。这体现在社区物业管理中，就是住户好了，整个社区就好了；社区好了，城市就好了；城市好了，国家就好了；国家好了，世界就好了。

二、修养好的 7 点实操

1. 履行个人职责

（1）明确自己的岗位职责与标准。

（2）问责和守时。自己检讨是否明确职责，是否守时守信。

2. 遵守职业道德

职业道德是一般社会道德的特殊表现，是从事一定职业的人，在工作、学习和劳动过程中应该遵守的特定的行为规范。

3. 内省活动

品德、良知可能是与生俱来的，又或者已经存在于心中，因此可以通过内省来得到提升。要用良好的品德来指导、检查自己。

关于这方面，《论语》中有相关讨论，“吾日三省吾身：为人谋而不忠乎？

① 孙少雄，孙宝东．服务业 5S 精益管理：品质改善利器［M］．北京：机械工业出版社，2010.

与朋友交而不信乎？传不习乎？”

这是很好的内省心法：每天从三方面反问自己，替人家谋虑是否不够尽心？和朋友交往是否不够诚信？老师传授的知识是否复习了？

一个有修养的人，必然也是有爱企业的心和行为的，能够为企业着想。

我相信，通往理想之路是与修养好密切相关的，人生会因为修养好而更加美好！

作为物业管理者，有责任感，关心所服务的业主；作为企业人，爱企业，为企业创造价值，让企业生存发展；作为社会人，遵守社会公德，热心公益事业，这些都是有修养的表现。

4. 正确做好人际交往与沟通

（1）坦诚、恭敬、宽容、欣赏与赞美。

一是与人交往要坦诚，二是要恭敬有礼，三是与人交往要宽容，四是要懂得欣赏与赞美他人。

有时候，一句赞美的话、一个肯定的眼神、一个鼓励的举动，便足以改变一个人的一生。我们应当学会把赞美当成礼物去送给所有的同事和业主。哪怕是需要批评的时候，也可以采用先赞美，再批评，最后又赞美的方式。

和谐物业注重员工修养水平的提高，其中包括与业主沟通时坦诚、恭敬、宽容等，力求做到“让爱拥抱，让爱环绕”（见图 8–1）。

图 8–1　和谐物业

（2）沟通有法，达到和谐。[①]

① 沟通的方法与管理：有善心、爱心；倾听；注意提问方式；表示同情；解决问题；跟踪后续反馈。

② 物业管理中处理投诉的程序：记录投诉内容；判定投诉性质；调查分析投诉原因；确定处理责任人；提出解决投诉的方案；答复业主；回访；总结评价。

③ 物业管理中处理投诉的方法：耐心倾听，不争辩；详细记录，确认投诉；真诚对待，冷静处理；及时处理，注重质量；总结经验，改善服务。

5. 组织架构和企业核心文化宣传物放在易见处

要将组织架构和企业核心文化宣传物放在易见处，保证员工经常看到。

6. 定期审核

定期做八好管理审核，建议最少每季度一次。一般来说，可以对照第一章的相关标准进行审核，也可以根据企业的实际情况明确哪些标准是要做到的，然后要求员工去执行。

确定八好管理日和内部审核日，建议每月八日为八好日，八月八日为年度重要审核日。

只有定期做八好管理审核，才能使八好管理顺利持续下去。

7. 日事日毕，日清日高

完成每天的工作计划，下班前检查每天的工作是否已完成并总结提升。

日事日毕，即每天进行工作整理，针对当天的工作，可在早上或者提前一天做好计划，下班前检查是否完成，应该当天完成而且能够做到的就当天做好，并进行总结提升。

① 2011年物业管理实务辅导：客户投诉的处理［EB/OL］.（2011-01-11）［2020-07-16］.https://www.51test.net/show/1478685.html. 有删改 .

三、操作中的2点提示

1. 长期坚持，才能养成良好的习惯

通常一个习惯行为的养成要21天，稳固要90天。

修养是八好管理活动的核心，没有人员修养的提高，各项活动就不能顺利开展，就是开展了也坚持不了。

一名有修养的员工能够做好日常工作，相反，一名缺乏修养的员工是很难做好这些的。而我们也相信，员工的修养是通过培养形成的，所以要“常修养”。

应坚持每天应用八好管理，使八好管理成为日常工作的一部分。可编写各岗位或部门下班前五分钟回顾内容，以下是一个通用格式。[①]

（1）整理：抛掉不需要的物品或进行回仓，补充需要物品。

（2）整顿：把所有用过的文件、工具、仪器以及私人物品都放在应放的地方。

（3）清洁：抹净自己用过的工具、物品、仪器和工作台面并清扫地面。

（4）安全：通过安全预防、检视，达到环境安全。

（5）维护：固定可能脱落的标签，检查整体是否保持规范，不符合的及时改正。

（6）修养：今天的事今天做，检查当班工作是否完成，检查服装状况和清洁度，预备明天的工作。

2. 令之以文，齐之以武

令之以文，齐之以武，意思是通过“文”的一面明确规章纪律，通过“武”的一面执行它。修养的培养，有时一说就明了，如春雨般润物细无声，但有时又要进行严格的纪律要求，对没有执行的员工要进行提示，严重违反纪律

---

① 酒店餐饮业五常法管理制度［EB/OL］.（2015-02-27）［2020-08-21］. http://www.cn6szx.com/html/201502/1104.html. 有删改 .

的，要进行惩罚。

在文的方面，有什么最能让人齐心呢？就是大家认可的共同理想、共同使命、共同价值观。

四、物业管理行业职业道德

百业德为先。

职业道德是从事一定职业的人在工作和劳动过程中所应遵循的，与特定职业相适应的行为规范。养成良好的职业道德是非常重要的，人们常说的“德、智、体、美、劳”或“德、智、体”皆以德为先，这绝对不是因为这样读来顺口，而确确实实是因为“德”非常重要，在人的诸多素质中，“德”从古至今被放于首位。人们的行为是由他们的思想决定的，一个人的品德决定了他的行为取向。

1. 职业[①]

职业是指由于社会分工而形成的具有特定专业和专门职责，并以所得收入作为主要生活来源的工作。职业是在人类社会出现分工之后而产生的一种社会现象。

任何一种职业都是职业职责、职业权利和职业利益的统一体。

职业既是人们谋生的手段，又是人们与社会大众进行交往的一种主要渠道。

在交往中必然涉及各方面的利益，于是如何调节职业交往中的矛盾摆在了人们的面前，这时就需要用到道德。

2. 职业道德[②]

每个从业人员，不论从事哪种职业，在职业活动中都要遵守道德。如教师要遵守传道、授业、解惑的职业道德，医生要遵守救死扶伤、利人健康的

① 培育职业精神［EB/OL］.（2013-01-19）［2020-08-20］.https://www.docin.com/p-585727807.html. 有删改 .

② 职业责任与职业道德［EB/OL］.（2012-12-25）［2020-08-05］.https://wenku.baidu.com/view/2c288919f18583d049645922.html. 有删改 .

职业道德等。

职业道德不仅是从业人员在职业活动中的行为标准和要求，而且是本行业对社会所承担的道德责任和义务。职业道德是社会道德在职业生活中的具体化。

3. 职业道德的作用[①]

（1）职业道德与个人幸福。人的生存需要与安全需要离不开职业道德，良好的职业道德能为个人的衣食住行等生存需要和职业安全、社会保障等安全感、稳定性、保护性需要提供保障。

人的社交与尊重的需要离不开职业道德。良好的职业道德是个人的友爱、交往等社交需要的基础，也是个人的受赏识、被人关心、受重视、得到提拔晋升等尊重需要的基础。

人生价值的实现离不开职业道德。只有具有高尚职业道德的人，才能实现自己的理想和抱负，达到人生的崇高境界。

（2）职业道德与企业进步。员工良好的职业道德是企业的“优良资产”，能提升企业的“效益”。

（3）职业道德与社会繁荣。职业道德建设有利于满足大众的强烈愿望；有利于促进经济协调发展；有利于从根本上提高全社会的文明水平。

4. 物业管理从业人员职业道德基本内容[②]

（1）坚持标准，严格制度。

① 树立“住户至上，服务第一”的宗旨，努力学习管理技能，不断提高管理水平。

② 态度和蔼，语言亲切，记录完整，每件事有跟进。

③ 穿戴整洁，仪表端庄，精力充沛，举止文雅。

④ 对住户无礼的言行，应尽量容忍，耐心说服。

---

① 物业职业道德培训[EB/OL].(2012-11-09)[2020-07-26]. http://jz.docin.com/p-522601621.html. 有删改.

② 同①.

⑤ 为住户着想，帮住户解决问题或困难；涉及不能及时回答或解决的问题，给予解释，并记录上报。

⑥ 严格遵守纪律，不吃请、不误工、不怠工、不刁难住户。

⑦ 不利用权力或职务之便谋取私利。

（2）诚实可靠，讲究信誉。

① 诚实无欺，货真价实，公平合理，这是基本要求。

② 在服务质量上，不以次充好。

③ 在服务数量上，不打折扣。

④ 在服务收费上，不另立名目，或变相加价。

⑤ 在服务对象上，不厚此薄彼，做到公平、公正。

（3）礼貌服务，文明用语。

① 注意力集中，主动热情才能赢得业主的信任。

② 轻声细语，熟练操作。

③ 举止大方，不卑不亢，言行得体。

④ 使用礼貌用语，讲究服务艺术，尤其是语言表达艺术。

⑤ 掌握分寸，以理服人，得理让人。

（4）主动热情，微笑服务。

① 微笑发自内心。

② 微笑服务要始终如一，通常贯穿服务工作的全过程。

③ 微笑服务要看场合，看对方心情，忌呆板和不合时宜。

（5）维护业主利益。

①不得泄露业主的私人秘密和有关家庭信息，使其遭受人身、财产损害。

② 要尊重业主的生活习惯，不干预业主的私生活。

③ 要保护业主的隐私，不得泄露业主及其亲友的家庭和工作地址、电话号码及其他私人信息。

五、物业管理服务中的四勤和五要[①]

在物业管理服务活动中，全面做到四勤、五要是提升物业管理服务从业人员职业道德水平的具体体现，其表现如下。

1. 四勤

（1）眼勤：每一个岗位当值人员要多看、多留意周围的情况，做到眼观六路，不要只顾埋头做自己的事。

（2）脑勤：每一个岗位当值人员要多用脑，遇到什么事情都要经过大脑思考，三思而后行。

（3）腿勤：每一个岗位当值人员在岗位上要多走动，尤其是保安和工程维修人员，在巡查中发现问题应及时处理，不要懒惰。

（4）手勤：每一个岗位当值人员要多动手，比如随手维护好岗位周围的环境卫生；多动手帮住户；多动手把停放的非机动车摆好等。

2. 五要

（1）执行制度要严格。

（2）巡查工作要细致，能发现问题并反馈或及时解决。

（3）处理问题要灵活，不要引起投诉和不必要的冲突。

（4）处理紧急情况要及时，不拖延、不推诿。

（5）与人沟通要文明，包括与业主、同事之间的沟通。

六、修养小论

修养强调的是人的主动、自律、内省、品格、心态等。修养自己以完成八好，是本书的基本要求。文明礼貌是修养内容中的常规要求。修养始于日常的点滴。修养，是从内心、思想或者行为上摒除、放下不需要的，理好需

① 物业职业道德培训[EB/OL].（2012-11-09）[2020-07-26].http://jz.docin.com/p-522601621.html. 有删改 .

要的，增益必要的。

人天生就有仁、义、礼、智、信、爱等美德，修养就是将美德呈现出来。人的修养是内心愿意去学，去连接美德，身体能够去践行。孔子说："力行近乎仁。"《弟子规》中也勉励："圣与贤，可驯致。"每个人只要愿意，都可以成为有修养的人。

修养带人走向文明、成功和美好。

第九章 学习好

在这个知识经济时代，自主学习已是人们不断满足自身需要、充实原有知识结构、获取有价值的信息，并最终获得成功的法宝。

一、学习好简介

1. 含义

学是知新，习是温故，学习是一个持续不断自我完善的过程，学习无论对于个人、企业还是国家，都是极其重要的。学习是赢得发展、赢得未来的根本，是提升个人才干的重要途径和必要基础。我们要把学习当成一种生活态度、工作责任、精神追求。

2. 主要内容

（1）博观：多阅读学习，多经历见识。

（2）厚积：读万卷书，行万里路，博学明志，历事练心。

（3）卓越：增智慧、解疑惑、辨是非，功到自然成，物质丰盈，精神富足。

3. 主要目的

（1）提高个人修养和能力。

一个人的实力绝大部分来自学习，本领需要学习，机智与灵活反应也需要学习，健康的身心同样是学习的结果。学习可以增智、可以解惑、可以辨是非。员工的成长速度代表着一个企业的发展速度，每个人都学到经验和方法，然后把大家的经验综合起来，就能用新的方法来创造更好的成绩，提高工作能力与效率，同时增强企业内部人员的团结协作能力。

人才培养规划是企业发展的战略规划之一，在人才队伍建设上，要始终树立和坚持“人才培养是第一要务”，始终把员工的学习成长贯穿在企业的发展过程中，重视人才培养，实施人才兴企战略，打造企业文化软实力。

学习分享节选（文化篇）

陈荣：通过学习企业文化，我明白了，在生活中，要处理好人与人之间的关系，常怀感恩之心，孝顺父母，处理好与兄弟姐妹的关系。要以理解、包容、欣赏之心对待身边的人，人与人相处好了，才能更好地工作和生活。珍惜和同事在一起的时间，互相帮助、鼓励。我感受到了公司的凝聚力，“让爱拥抱，让爱环绕”，不抛弃、不放弃每一个人。公司有一个这样的平台让我们学习、成长、进步，我也应努力跟上公司的节奏，感谢公司给我提供这一平台。

魏红：通过对企业文化的学习，我懂得什么可以做，什么不可以做，把企业文化融入血液，与企业荣辱共进。不说不利于企业的话，不做不利于企业的事，不做有损企业形象和利益的事，一切为企业着想。我以前都没有机会学习这些，也不知道怎么学习，感谢企业提供给我的机会，自从进入和谐物业，我感觉每年都有变化，自己的能力在不断提升。

刘翠花：我去 ×× 小区才短短几天时间，这个小区的团队让我非常感动，不论是保洁还是保安，每个人都把业主利益放在第一位，把业主赞誉和肯定视为对自己价值的最高证明，我觉得这就是企业文化，它早早在我们工作中生根发芽，这样的精神值得继续发扬光大。

部分员工分享学习成果如图 9–1 所示。

图 9–1　分享学习成果

学习分享节选（技能篇）

李红梅：通过学习车辆管理案例，我知道了车辆管理不是简单对业主的车辆进行登记、办卡收费。车辆在小区停放，发生丢失、受损等情况，要根据当时情况，参照合同的具体内容，还要参照《中华人民共和国物权法》相应条款划分责任。该物业公司承担的责任物业要承担，不该承担责任的应按法律规定解决。现在我们小区正处于车辆管理的初期，学习这些案例和条款对我很有帮助。我还要多多学习相关专业知识，以便在以后工作中处理相似情况时，能有理有据解决问题，技多不压身，多学知识和技能对我帮助很大。

张丽娜：我所在的小区安装好的门禁形同虚设，本小区业主的车、别的小区业主的车、外单位长期不用的车，在小区乱停乱放，经常产生纠纷，不好管理，车被堵在里面出不来的情况时有发生，业主头疼，我也头疼。没学车辆管理之前，我不知道怎么合理处理，通过案例学习，我豁然开朗，掌握了处理问题的细节，包括如何解答业主的问题、如何分辨谁的责任更大。学习充实了我，知识学了是自己的，以后遇到类似的事，我可以应对自如、游刃有余。感谢公司提供了这么好的一个平台，未来我将多多学习，多多充电，以饱满的状态迎接每一天。

（2）推动企业发展和创新。

知识经济的发展使企业面临着环境的不断变化，任何企业要想获得竞争优势就必须坚持学习，学习成为企业适应环境的一个关键因素。企业员工的综合学习能力是企业发展的动力源泉，人才是企业的宝贵财富，在激烈的市场竞争中，企业的竞争归根到底是人才的竞争。

物业管理无大事，都是小事。

细微之处能体现物业管理水平，随着服务项目越来越多，服务规模越来越大，服务团队不断扩大，企业不断发展，企业运营在不断面临新的问题……这几乎是每个企业发展过程中都会遇到的情况。如何培养和储备精英人才，打造精英团队，为社会输出高标准、高质量的优秀物业人才？

从 2014 年开始，和谐物业累计投资 400 万元，启动百颂商学教育平台，为社会和企业培养大量的专业人才，大家在这个平台上获得进步和成长。员工云端学习企业管理知识如图 9-2 所示。

图 9-2　员工云端学习企业管理知识

不仅仅是云端学习，和谐物业每年都会多次派遣多人去全国各地考察学习，不断借鉴吸收先进的物业管理经验、服务经营理念。和谐物业建立起了一个强有力的核心团队，不但提升了物业服务水平，而且为更多的物业企业提供服务标准参考方案，在改变传统物业服务的基础上大步向前迈进，最终形成了物业八好管理蓝本。

和谐物业为行业提供了服务标准和规范，推动行业转型升级，打造智慧社区，助力智慧城市建设，同时发展下游产业，从而实现物业服务转型升级。

学习力是驱动企业发展的内在动力，唯有学习沉淀，才能实现突破创新，进而促进业绩提升和产业升级。企业创新从每一个员工的认知创新开始，只有员工有新的思维、新的方法，企业才可以持续不断创新。任何一个想进步的企业管理者，都要有坚持不懈的学习精神和自我变革的魄力，勇于打破旧的认知，集思广益，发挥创新精神，迈入新征程。

（3）学习能沉淀企业文化和发展模式。

在近几年移动互联网的推动下，客户也不再满足于简单的传统物业服务，要求越来越高，物业行业早已不是原有模式，迈向了智慧社区的发展时代。

从 2016 年起，和谐物业调整发展方向，实行“核心基础业务 + 拓展业务”模式，以核心物业服务为基本出发点，辐射发展家政服务、物业服务培训，培养专业的物业管理人才、家政服务人才以及其他人才，从物业管理服务向物业管理人才输出转型；实现了“多业务跨越式”发展模式，从基础物业服务到生活服务的多个方面；哈密市巾帼家政职业技能培训有限公司、哈密市咨萱健康养老服务中心、哈密市创和文化传媒广告部等应运而生；已从单一的物业服务企业，发展成为集“物业服务、家政服务、培训服务、养老服务、广告传媒、商学教育”等业务于一体的多元化企业。家政服务授课如图 9–3 所示。

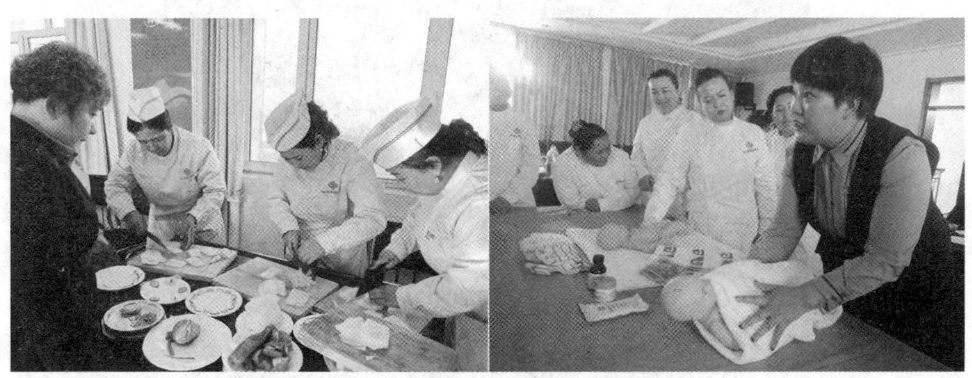

图 9–3　家政服务授课

“穷则变，变则通，通则久”，不断学习才能发现差距，企业要发展、要增强市场竞争力，必须要善于学习先进管理模式，用学来的先进管理知识指导和服务实际的工作，融合企业自身的文化特点，形成特有的企业运营发展模式、企业文化。

二、学习好的3点实操

1. 学习是常态

学习作为一种获取知识、交流情感的方式，已经成为人们日常生活中不可缺少的一项重要内容，尤其是在21世纪，知识经济不断发展，自主学习已是人们不断满足自身需要、充实原有知识结构、获取有价值的信息，最终获得成功的法宝。

喜欢学习的辛咨萱

知识让人更加自信，辛咨萱以前从事美业，觉得美是外在美和内在美的统一。她想努力进步，实现自己的人生价值。她一直以圣哲先贤的谆谆教诲鞭策和鼓励自己，博览群书，向能者学习，向明师请教，不断提升自己（见图9–4）。同时，她常勉励自己：“只有不断学习，才能跟上时代的步伐，才能为企业指引正确的道路，才能让企业发展更长远。”

图9–4　喜欢学习的辛咨萱

学习时要注意以下几点。

（1）以归零的态度来学习，学习各项专业知识。

（2）以学习八好管理为例，有自己的八好管理资料，有跟进学习措施；了解八好管理的基本定义。

（3）多学习，不仅是八好，凡是有利于工作、提升个人能力的都应该积极学习。

（4）学以致用。

2. 每日精进，每天应有班前会，负责人应有小结

一个人能够每日精进，有利于做好工作。要常总结进步，精益求精；常问哪些工作可以做得更好。例如在晨会上进行沟通，落实工作。

3. 三学

（1）跟人学。学习之初，我们首先要找个好的老师，像革命前辈、优秀企业家……他们是优秀的学习榜样，每次当自己迷惑的时候、找不到方向的时候就去找这些老师，他们可以帮助我们解开心中的疑惑。

参观革命圣地延安感悟

辛咨萱

延安是中国共产党人的精神家园，是催生新中国的革命圣地。延安精神蕴含着初心和信念，延安精神是中国人民的宝贵精神财富。

2019 年 10 月 25 日，带着对革命前辈的崇高敬意，为寻找发展的精神力量，我走进延安，学习延安精神，重拾使命与初心——做好物业服务。我们的这个时代需要这种精神，我们的企业需要这种初心，我们的团队需要这种使命。这次活动中，革命前辈的红色精神照耀着我们，我们不忘初心，牢记使命，砥砺前行。

参观完革命前辈纪念馆，我内心无比震撼。是什么力量让革命前辈凝聚到一起，坚守革命信念，不屈不挠，为伟大事业奋斗终生？

我想是全心全意为人民服务的信念与决心。我们生活在这个时代很幸运，国泰民安，社会稳定。我在经营物业企业的过程中，遇到的困难和考验算什么？即使困难重重，我也要坚持做物业。因为我的身后，有紧紧跟随的团队，有信任我的业主，我把这份事业当追求，决定把能量和爱献给热爱的物业事业，带领团队把物业服务做到极致。

我要将学习到的革命前辈的种种精神，传递到企业，融入企业文化之中，用一颗心全心全意服务业主，发扬艰苦奋斗、开拓创新的精神，集中全企业员工的智慧，以孜孜不倦的态度、饱满的热情，打造一个斗志昂扬、精益求精的服务团队，创造细致入微、宾至如归的服务体验，给业主、员工、企业一个安心踏实的未来，全面开启高质量发展的新征程，全力推动企业持续健康发展。

“三人行，必有我师焉。”每个人都有自己的长处，都可以成为我们学习的榜样。所谓当局者迷，旁观者清。要跟人学，他可能是英雄人物、我们尊敬的长辈，也可能是同事、客户、朋友。他们可能通过一句话、一件事，无形中影响了我们。跟人学，实际就是保持谦恭的态度，拿放大镜看他人的优点，拿显微镜看自己的缺点，多看别人的优点，就更能学习别人的长处。

（2）跟事学。跟事学，就是要“吃一堑，长一智”，在发生过的事情里学习。坏事、好事都能用来学习。

跟事学的核心在于“责任”。要想成长，必须独立，必须要有责任心，责任面前没有“我们”，只有“我”。我们经常犯的错误就是认为“所有的问题都是别人的”。如果一直是这样的心态，怎么能从事件里反思学习呢？

承担的责任越多，成长越快，但不是所有责任都要承担，要学会分辨。如果是下属的责任，一定不能盲目承担，要巧妙委婉地将其抛给下属，要给下属独立的空间，教下属解决问题的方法和原则，鼓励下属去解决问题，而不是自己直接解决问题，如果直接解决问题，下属可能永远无法成长。

职责不错位，锁定责任，才能让员工获得成长机会。要知道，如果员工形成了依赖习惯，就无法自己掌握工作本领，当领导离开时，他就无法胜任工作了。因此，我们要给员工承担责任和充分发展的空间，要培养员工的独立性，让员工在独立中学习、成长。

参加60天执行铁军训练营感悟

李顺芳

通过这个训练营，我开拓了自己的思维，树立了坚定的信念。我以后不会放弃，不管遇到什么困难，我都要带领我的团队，努力做下去。梦想常常是伟大而遥远的，不容易实现的，要不断努力，持之以恒去做，内心充满使命感。历事练心，只有从坎坷的经历中学到真本事，才能锻炼自己的意志。

通过训练营的培训（见图9–5），我进行了反思，在平时的工作中不光要把团队管理好，还要让员工有成长的机会。团队带不起来不是团队的问题，而是领导的问题。在以后的工作中我将严格要求自己，以身作则，以自己为标杆培养员工，以利他无我的精神多做员工教育。

图9–5　员工正在学习

我们只有在解决困难的过程中才能成长。我们如果只做自己喜欢、擅长的事情，可能永远都在原地踏步，永远都学习不到新的知识。我们只有经常处理自己不愿意做的事情，才能得到成长，从中学习和总结经验。所以遇到困难不可怕，要勇敢面对，解决问题，并从中学习到更多知识。

（3）跟书学。书是人类智慧的源泉，书是人类进步的阶梯。优秀的书籍可以给人带来欢乐，引人思考，让我们奋发图强，让我们勇于创造。

不仅要多读书，更重要的是在读书的过程中，要将书中的内容和自己的生活联系起来，让自己能够将书中的知识用到平时的工作和生活当中，学会看书需要做到以下几点。

① 理解性阅读：在阅读的过程中，每读一个段落，想想这段文字表达的内容是什么，文章到底想传递什么信息。

② 反思自己的阅读经验：找出自己在阅读过程中存在的问题，找到更好的、更适合自己的阅读方法。

③ 养成高品质的阅读习惯：通过阅读，让自己明白，阅读不仅可以陶冶情操，增长知识，开拓视野，更重要的是可以创造价值。要把我们在读书的过程中学到的理论知识用于实践，并在实践中总结经验，创造价值。

学习《洞穿执行》感悟

邓青青

今天阅读了陈平老师的《洞穿执行》的第三章及第十五章。独立为荣，依赖为耻，战场上强将手下无弱兵，而商场上强将手下多弱兵。播种帮助，收获依赖，播种责任，收获独立。

很多领导在为员工打工，有些企业中高层总是忙得焦头烂额，一天到晚在救火，很多领导者一天要工作十几个小时并且没有周末、没有节假日。很多企业的员工每天按时下班而领导却每天加班，这是为什么？

这样的问题，我同样遇到过。以前客服经理提出问题时，我直接告诉他答案，直接告诉他怎么去做，而没有引导他，同样的问题他第二次遇到时还是不会，继续来问。结果客服工作没有什么成效，而且我被琐碎的事情缠住脱不开身。我以前不明白，通过学习《洞穿执行》中的内容（见图 9–6），我明白之前常常用错误的方法教导员工，作为领导不能直接为员工解决问题，而是要给员工解决问题的方法和思路，要引导员工去做好事情。

图 9–6 员工阅读《洞穿执行》

企业中最大的浪费是角色的错位，中层的首要工作就是找准位置。如果你选择做司机，就要对全车人负责。

阅读是一个享受的过程，书中自有颜如玉，书中自有黄金屋。通过读书，我们的知识丰富了，我们的内心世界发生了很大的改变，我们变得聪明，我们坚定了信念。书是前人智慧的结晶，是智者真知灼见的积累。书中的一个个鲜活的故事，记载着无数宝贵的经验和深刻的教训，只有借助前人的肩膀，我们才能站得更高，看得更远。

第十章
八好管理推行实用手法选

成功一定有方法！不是没有方法，而是知道方法却没有做；不是不知道，而是暂时不知道；我不知道，不代表别人也不知道。所以，只要肯做、肯学、肯问就可以找到方法。总之，成功一定有方法！

一、实施八好管理的 9 个步骤

理解八好管理的内容与要义是开展相关活动的基础。但是，仅仅知道内容是远远不够的，获得显著效果的关键在于加强八好管理推行的过程控制，成功实施八好管理。一般来说，实施八好管理包括以下 9 个步骤。

1. 获得最高管理者的承诺并做好准备

首先，必须向最高管理者推介八好管理。具体实施者应该做好准备。

承诺的准备：建议管理者这样思考问题，先从八好管理的作用进行思考，了解好处，认可方针及目标。

方针：整理、整顿现场，提升人员素质，改进现场管理水平，增强企业竞争力。

目标：对内营造一个有序高效的工作环境；对外成为一个让客户信任喜爱的公司。

同时从所需要的结果与现实进行评估。因为人一旦学会以结果为导向，理性思考，或者能够站在相对高的地方思考问题，加上务实的作风，其决策就会变得更准确，一切都可能变得更有利于实现所需要的好结果了。

其次，我们应看到，好的管理方法得到运用，虽然需要付出一些成本，但长远来看，会带来更丰富的收获，基于这一点，我们就应下定决心。

2. 成立推行组织[①]

（1）成立八好管理活动推行小组，主导全公司活动的开展。

（2）公司各部门必须指派一位员工负责现场八好管理或联络工作。

（3）各部门领导是本部门八好管理活动推进的第一责任人，要求全员参与。

---

① 用户 1079226243.“5.S” 推行手册 – 连载 2［EB/OL］.（2008–06–22）［2020–10–02］.http://blog.sina.com.cn/s/blog. 4053af8301009cnr.html. 有删改 .

（4）管理组织实操。设立“八好专门管理小组”，由单位负责人兼任该管理小组组长，全面负责八好管理的实施，管理小组人数应为单数。小组内设执行主管、督察人员、部门主管，组织结构如图 10-1 所示。

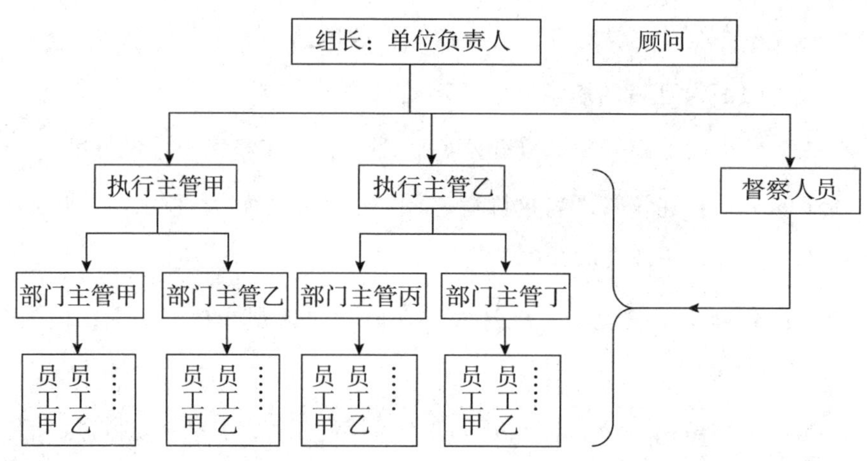

图 10–1　“八好专门管理小组”组织结构

相关人员的工作职责如下。

① 管理小组组长（企业老总或负责人）的工作职责：

负责本企业八好管理实施的全面工作；

主持小组成员办公会，研究和决定实施的各项工作；

审定实施的计划和步骤，并抓好落实；

做好实施的阶段评估，适时调整下一步的工作计划及实施步骤；

审定实施的各项规范、制度、要求、考核办法、奖惩标准等。

② 执行主管的工作职责：

在管理小组组长的领导下，负责本企业八好管理相关知识的宣传、培训和监督执行；

协助制订工作计划并组织实施，及时总结汇报；

布置、督促、检查各分管部门负责人的工作；

认真贯彻落实八好管理实施的规范工作要求，督促、检查各项八好制度及规范的执行与具体落实情况；

深入各部门了解和检查实施情况，认真记录实施的每一个过程，及时总结汇报；

定期组织各部门间的相互学习，善于发现先进，善于运用先进促进后进，不断改进工作方法；

全面掌握八好管理的实施动态，及时分析及解决实施过程中出现的问题与困难。

③督察人员的工作职责：

在管理小组组长的领导下，严格按照“督促、指导、把关”工作原则，全面负责八好管理的实施监督和指导工作，对管理小组组长负责；

协助制订工作计划，督察各部门贯彻实施的执行情况，及时总结汇报；

广泛听取员工的意见和建议，并及时进行分析汇总，做好上情下达、下情上传工作；

全面了解员工的工作状况，做好指导工作，确保八好管理顺利实施。

④部门主管的工作职责：

负责本部门八好管理日常工作；

协助制定和完善有关规章制度，严格执行相关规章制度；

负责贯彻落实八好管理实施的规范工作要求，检查本部门成员对各项制度及规范的执行情况并进行督促；

合理安排员工班次，并视实际情况随时调整；

结合本部门的实际情况，通过言传身教激发员工工作和学习热情，对本部门人员进行业务培训，努力提升本部门人员的工作热情和服务技能，特别是培养八好管理理念及实践应用；

每天主持召开部门班前例会，做好班前准备、班中督导、班后总结工作，并做好工作笔记；

正确处理员工之间的工作矛盾，关心爱护下属；

随时检查本部门的设施设备运转是否正常，及时向领导汇报情况，确保八好管理正常实施；

及时安排本部门的物品发放；

督导员工操作习惯，检查员工仪容仪表，及时帮助纠正；

带头维护好本部门的环境卫生，做好自查自纠。

⑤员工的工作职责：

熟悉并熟练掌握自己工作岗位的八好管理要点；

不断整理、整顿、清洁自己的工作场所；

不用的东西要立即处理；

通路必须始终保持清洁和畅通；

原料、物品、设备的放置要做到仔细、正确、安全；

各类废弃物要集中放于规定场所；

注意上级的指示，并加以配合。

建议由企业主要领导出任八好管理活动推行小组组长职务，以示对此项活动的支持。具体安排上可由副手负责活动的全面推行。

3. 拟定区域分工、推行计划和日程表[①]

（1）区域分工：公司八好管理推行小组成立后，首先应明确划分各部门八好管理责任区域，确定责任人员，并张贴公告。

（2）结合实际情况，制订八好管理活动推行计划和日程表。

①目标制订：先设定期望目标，作为活动努力方向，便于活动过程中进行成果检查。

例如：第4个月各部门考核80分以上，据实现标准的百分比打分。

②口号制定：例如，“和谐八好 品质良好”。

---

① 用户1079226243.“5.S” 推行手册－连载2［EB/OL］.（2008-06-22）［2020-10-02］.http://blog.sina.com.cn/s/blog_4053af8301009cnr.html. 有删改.

③ 要求各部门制订部门八好管理计划及日程表。

④ 制定八好管理所需的购置物资预算，提交审批。预算包括购置物资、参观开支、培训费用等，按年度预算（见表 10–1）。

表 10–1　　　　　　　　　　　年度预算

项目	年度预算	金额
1	购置物资	¥______
2	参观	¥______
3	培训	¥______
总计		¥______

八好管理推行小组委员会按照每年度购置物资（包括维修）预算限额购置合适用品，如超出此预算，须向公司董事会提出申请。

每年参观活动开支，包括外出参观的交通费用、外界到访的物资准备及茶点招待费等。

（3）计划的重要性。

大的工作一定要有计划，以便大家对整个过程有一个整体的了解。项目责任者清楚自己及其他担当者的工作是什么及何时要完成，可相互配合，造就一种团队作战精神。

关于计划的制订，可以请有经验的人或者“八好管理顾问咨询机构”协助。这样，能取得事半功倍的效果。

4. 教育[①]

（1）公司对管理人员、每个部门对全员进行教育，具体内容如下。

① 用户 1079226243.“5.S” 推行手册 – 连载 2［EB/OL］.（2008–06–22）［2020–10–02］.http://blog.sina.com.cn/s/blog_4053af8301009cnr.html. 有删改 .

①八好管理的内容及目的。主要内容为基本知识、各种规范。

②实施办法。主要针对管理人员，而广大员工也要有所了解。

③评比及奖惩办法。

（2）新员工的八好管理培训（必须进行的岗前培训）。

教育方式可以多样化，讲课、放录像、观摩其他企业案例或样板区域、学习推行手册等方式均可视情况加以使用。

图片展示是很好的教育方式，最好能在第一时间制作出八好博物馆墙报，把兄弟单位先进事例、我们与其的差距直观地反映出来，形成对比，让每一位员工都看到问题，快速学会解决方法。

5. 宣传①

（1）召开员工大会时，由公司领导和各部门领导表达推行八好管理活动的决心。

（2）领导以身作则，定期或不定期地巡视现场，让员工感到被重视。

（3）利用公司板报、宣传画廊定期宣传介绍八好管理。

（4）外购或制作八好管理海报及标语并在现场张贴。

6. 导入实施

全面实施各项八好管理规范，自我审核。

每个人的不良习惯能否得以改变，员工能否建立一个良好的八好管理工作习惯，在导入实施中可以表现出来。

实施注意点如下。②

（1）前期作业准备：方法说明会（由最高管理层做总动员）；道具准备。

（2）“洗澡”运动（彻底大扫除、大整理）。

（3）建立物品标识、存放位置标准。

---

① 用户 1079226243.“5.S”推行手册 – 连载 2［EB/OL］.（2008-06-22）［2020-10-02］.http://blog.sina.com.cn/s/blog_4053af8301009cnr.html. 有删改 .

② 同①.

（4）“3 定”“3 要素”展开。

（5）安全动员。

（6）节约方法大寻找。

（7）定点摄影。

（8）改善。

（9）标准化。

具体实施办法可参考以下内容。

第一，样板单位示范办法，选择一个部门做示范部门，然后逐步推广。

第二，分阶段或分片区实施，按时间分阶段或按位置分片区实施。

第三，分责任实施，八好部门责任制和个人责任制相结合。

7. 检查与跟进

要知道活动成功与否，最有效的方法是进行检查。

（1）八好管理活动推行小组定期或不定期巡视现场，了解各部门是否有计划、有组织地开展活动。开始时可能每天、每周进行检查，稳定后可以每月和每年进行八好评估，严格按照相关检查标准，由推行小组进行评分。

每次审核检查（内部及顾问组审核）均须记录，有关记录由八好管理活动推行有关小组负责人派发给各负责人进行跟进，若有地方需要加以改善，应于指定日期内完成，以确保未符合标准之处得到妥善纠正，记录须交回有关负责人存档。

（2）做好对八好管理问题点的解答。

（3）检讨与修正。了解各部门现场实施八好管理的状况，并针对问题点开具现场八好检查表，责令限期整改。充分利用 PDCA 循环，各责任部门依缺点项目进行改善，不断提高。

8. 评分结果公布及奖惩

（1）评分标准如下。

评审共 63 点，每点 2 分（合格为 1 分，良好为 1.5 分，优为 2 分），满分 126 分（66 分为合格，90 分以上为良，108 分以上为优）。也可以根据实际情况设定满分为 100 分，例如其中有的点以优为 1 分计。

（2）对优秀部门和员工加以表扬、奖励，对最差部门给予曝光并惩罚。同时，部门主管应提交改善报告。

哈密市和谐物业管理有限公司实操举例——奖惩制度

1. 奖惩制度：每月审核一次，所得分数张贴于八好博物馆，依据三个月总平均分给予适当的奖赏、惩罚。

2. 奖赏：八好管理审核中，三个月平均分最高的部门可获现金奖励 200 元。

3. 惩罚：八好管理审核中，三个月平均分低于 70 分的部门，对其负责人处以 60 元罚款。

备注：部门划分由八好管理活动推行小组及部门主管议定。

9. 坚持和进步

（1）将八好管理纳入定期管理活动中。

（2）实施各种八好强化活动，并保持与时俱进、创新的精神。

（3）设置与维护八好图片展示区、博览室，作为长期教育基地。如设置八好博物馆，将员工不符合八好管理要求的行为拍摄下来，并公布在八好博物馆墙上。照片上墙，一切都在“不言中”，引导每个人一丝不苟地遵守八好管理规定。①

一个正确的决策需要坚持，一个正确的方针需要坚持，一件正确的事需要坚持！坚持是可贵的，坚持使平凡变得伟大！

需要强调的一点是，企业因背景、架构、文化、人员素质的不同，推行时可能会有各种不同的问题出现，推行小组要根据实施过程中所遇到的具体

① 五常法管理方法，提升餐厅管理品质[EB/OL].（2015-02-27）[2020-08-15]. http://www.cn6szx.com/html/201502/1102.html.

问题采取可行的对策，才能取得令人满意的效果。[①]

在实践中，推行八好管理活动应经历四个阶段：要求—行动—习惯化—文化。刚开始，它是一种要求，接着大家执行，然后成为习惯，最后形成一种文化。当然在前面阶段中，我们也用文化来教育员工，以加速员工的接受和应用。

二、PDCA

1. PDCA 循环[②]

质量管理专家戴明博士认为，一切有过程的活动都是由计划、实施、检查、处理四个环节组成的管理周期的反复循环。它恰似一个不断旋转的圆环，推动着管理不断向前发展。PDCA 循环已经在生产管理，尤其是品质管理中得到了广泛的应用，它同样适用于物业等服务管理。

P、D、C、A 四个英文字母所代表的意义如下。

P（Plan）——计划。确定目标，制订活动计划，明确标准。

D（Do）——实施。实施就是具体运作，执行计划中的内容。

C（Check）——检查。检查计划执行的效果，比较其与目标的差距，找出存在的问题。

A（Action）——处理。对总结、检查的结果进行处理，肯定成功之处，并予以标准化；查明问题的原因，提出解决办法，并实施改善、修正计划，完善标准。未解决的问题放到下一个 PDCA 循环中。

2. PDCA 循环的特点[③]

PDCA 循环实际上是有效进行工作的合乎逻辑的程序，其特点主要有

---

① 5S（整理、整顿、清扫、清洁、素养）[EB/OL].（2010-08-24）[2020-07-31]. http://www.360doc.com/content/10/0824/11/174830_48375683.shtml.

② 服务业 5S 精益管理 品质改善利器 第八章 [EB/OL].（2013-03-27）[2020-08-28].http://www.doc88.com/p-1028773959696.html. 有删改 .

③ 同②.

以下三个。

（1）周而复始运行。PDCA 循环的四个环节不是运行一次就完结，而是周而复始地运行。一个循环结束了，解决了一些问题，可能还有其他问题没有解决，或又出现了新的问题，于是进行下一个 PDCA 循环，以此类推。

（2）大环带动小环。公司有大的 PDCA 循环，部门有小的 PDCA 循环。每一个循环都不是独立存在的，大环带动小环，一级带动一级，构成一个有机运转的逻辑组合体。

（3）阶梯式上升。PDCA 循环不是在同一水平上循环，每循环一次，解决一部分问题，取得一部分成果，就前进一步，水平就提高一些。PDCA 循环的最终目的是管理水平提升，通过不断解决问题、改善标准来实现阶梯式上升。

3. PDCA 循环的运作原理①

PDCA 循环的运作原理如图 10–2、图 10–3 所示。

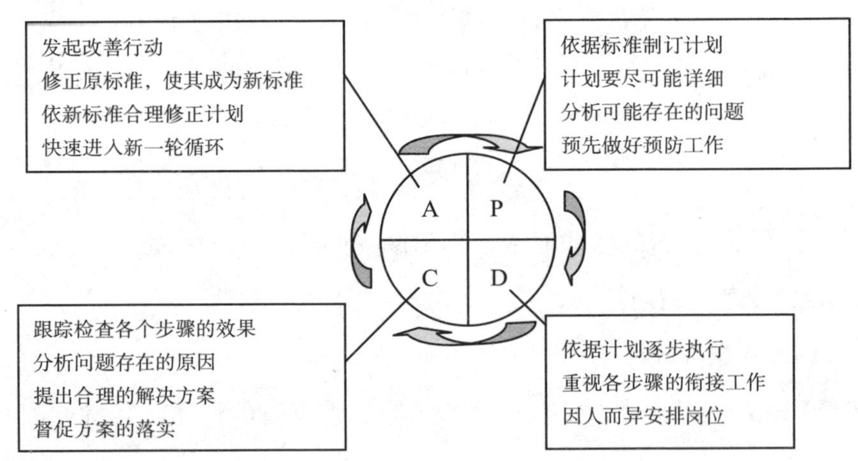

图 10–2　PDCA 循环的运作原理（一）

① 服务业 5S 精益管理 品质改善利器 第八章［EB/OL］.（2013–03–27）［2020–08–28］.http://www.doc88.com/p–1028773959696.html. 有删改 .

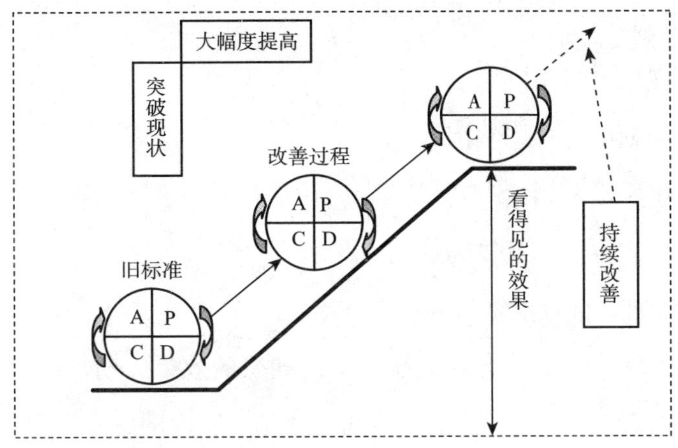

图 10-3　PDCA 循环的运作原理（二）

4. PDCA 循环的应用方法

PDCA 循环应用了科学的统计观念和处理方法。PDCA 循环是推动工作、发现问题和解决问题的有效工具，在长期工作实践中人们总结了一整套行之有效的应用方法。[①] 根据 PDCA 循环的运作原理，现将这套方法归纳为四个阶段。

（1）计划阶段——认清现实，了解差距，明确目标和设定达成目标的方法。

无论在工作或生活中，我们做任何一件事都要把这件事将要发生的全过程在脑子里想一遍——哪些地方要注意，哪些地方要交代清楚……或者干脆把这件事的内容及应该注意的事项一一列出来，这就是计划。这样我们做起事来有条理、快捷，也不容易出错。如果做一件事，事先不想一想，做事的时候碰到什么做什么，想到什么做什么，那肯定会弄得一团糟，更说不上把事情做得令人满意了。俗语说，好的开始就是成功的一半，这个好的开始就是计划。也就是说，你做好了计划，你所做的这件事就成功了一半。具体来说，

① 服务业 5S 精益管理 品质改善利器 第八章［EB/OL］.（2013-03-27）［2020-08-28］.http://www.doc88.com/p-1028773959696.html. 有删改 .

应注意以下几点。[①]

① 分析现状，找出问题。

② 分析问题中各种影响因素。

③ 找出主要影响因素。

④ 拟定切实可行、具体的计划。

第一，计划要符合整体目标。

第二，计划应具体，能定量地表示出期待的效果。期待的效果可以从下列几方面加以衡量：品质、数量、时间、成本、明确的成品。

第三，确定各项工作的优先顺序，并组织好工作。

第四，分配的工作应与能力相称（有达成的可能）。

第五，计划能与各方面配合。

第六，计划要可行，可运用“6个朋友”和“8M1E”进行思考，充分考虑人、事、时、地、物等因素。

“6个朋友”：我有6个好朋友，我所知的一切皆来自他们——们的名字是什么、为什么、何时，还有如何、哪里和谁。

“8M1E”：Man（人）、Machine（设备）、Material（材料）、Method（方法）、Money（金钱）、Market（市场）、Management（管理）、Morale（士气）、Environment（环境）。

（2）实施阶段——按照所制订的计划去做，以实现计划，达成目标。

（3）检查阶段——对照计划，检查做的情况和效果，及时发现现实行动中的问题，并进行分析、修正。

（4）处理阶段——根据检查的结果采取措施、巩固成果（如进行标准化，把成功的经验总结出来，设定相应的标准）、吸取教训，以利再战，并把没达成的任务放入下一个PDCA循环再做。

① 服务业5S精益管理 品质改善利器 第八章[EB/OL].(2013-03-27)[2020-08-28].http://www.doc88.com/p-1028773959696.html.有删改.

PDCA 循环是对持续改进、阶梯式上升工作的一种科学的总结，在现场管理中得到了广泛的应用，是管理工作不可缺少的工具及创造竞争优势的根本力量。[①]

一个 PDCA 循环下来，应有一个结果，如果是成功的，当然好。但有的时候，并没有完全成功，需要再次循环，为此就应再计划、再实施……运用这一循环，就会不断地进步，最终取得成功。

三、目视管理[②③]

在日常活动中，我们是通过“五觉”（视觉、嗅觉、听觉、触觉、味觉）来感知事物的。其中，最常用的是视觉。据统计，人的行动的 60% 是从视觉的感知开始的。因此，在企业管理中，强调各种管理状态、管理方法清楚明了，达到一目了然，从而容易明白、易于遵守，让员工自主理解、接受、执行各项工作，这将会给管理带来极大的好处。目视管理实施的效果如何，很大程度上反映了一个企业的现场管理水平。无论是在服务现场还是在办公室，目视管理均大有用武之地。

1. 什么是目视管理

所谓目视管理就是“一眼看得懂”的管理，是一种以公开化、透明化为基本原则，利用人的视觉来进行管理的科学方法。

目视管理可以应用在八好管理活动的方方面面，是一种简捷高效的管理方法。目视管理形式多样，比如行迹管理、颜色管理、灯光管理、标牌管理、看板管理等，就是借用线条、颜色、灯光、标牌、看板等载体的状态变化来传达管理信息，尽可能地将管理者的要求和意图让大家都“看”得见，借以推动自主管理、自我控制。

---

① 服务业 5S 精益管理 品质改善利器 第八章［EB/OL］.（2013-03-27）［2020-08-28］.http://www.doc88.com/p-1028773959696.html. 有删改 .

② 现场管理三大工具之二目视管理［J］. 企业管理，2003（11）.

③ 同①.

（1）行迹管理——城市中公路上的斑马线标明了行人过马路应该走的安全通道；排气扇的小布条，当布条飘起的时候，表明排气扇是在正常工作的，甚至从布条飘起的程度可以大概判断出风扇的转速。

（2）颜色管理——最常见的颜色管理就是红绿灯，红灯停，绿灯行，人人遵守交通规则，减少交通事故的发生；颜色不同的工作服区分工作人员的身份和岗位，窗口服务人员和后勤人员的工作服颜色不同，一般服务人员和主管的工作服颜色不同。

（3）灯光管理——设备状态指示灯，灯亮表示设备正常运转，灯灭表示设备没有运转或设备出现故障；饮水机的指示灯，红灯代表“加热”，绿灯代表“保温”，黄灯代表“电源”，红色出水管代表热水，蓝色出水管代表凉水。

（4）标牌管理——某些酒店的点餐牌，正放表示当天能够提供该菜肴，反放表示暂时无法提供或已经售完；店面服务业的服务台牌，正面为“很高兴为您服务”或者服务人员的简介，反面为“很抱歉暂停服务”，通过翻转台牌来表示是否提供服务。

（5）看板管理——目视管理的重要应用。因其普及程度广、有效性强、操作方便等特点，现已逐步独立出来，与标准化、目视管理一起并称为企业现场管理的三大工具。

看板管理是管理可视化的一种表现形式，即以看板为载体表现数据、信息等的状况，主要是对管理项目，特别是管理信息进行的透明化管理活动。它通过各种形式的标语、宣传板、图表、电子屏等把文件上、脑子里或工作现场等隐藏的信息揭示出来，以便任何人都可以及时掌握管理现状和必要的信息，从而能够快速设定并实施应对措施。因此，看板管理是发现问题、解决问题非常有效且直观的手段，是优秀的现场管理必不可少的工具之一。

看板管理可能起源于制造企业，侧重于对生产数据及作业程序的管理，主要包括以下内容。

规章制度与工作标准的公开化；

生产任务与完成情况的图表化；

与定位管理相结合，实现视觉显示信息的标准化；

生产作业控制手段的形象化、直观化与使用方便化；

物品码放和运送数量的标准化；

现场人员着装的统一化与实行挂牌制度；

色彩管理的标准化。

看板管理这一工具对服务业同样意义重大，尤其是随着服务业的长足发展，其应用范围越来越广泛，形式越来越多样化。看板管理通过这样一种“有形展示”来达到“一目了然”的管理状态。看板管理在服务业中的重要应用如下。

① 人员动态管理图。一个团队有多少人、分别是谁、谁是负责人、谁哪一天迟到早退、谁哪一天请假、本月有哪些员工过生日等，这些人员信息都可以通过人员动态管理图标示出来。这是对人员管理的一种透明化展示。

②绩效动态管理图。一个团队的经营业绩、指标进度、月度变化趋势、当月任务完成情况、全年累计任务完成情况等信息可以通过绩效动态管理图来标示。这是对绩效管理的一种透明化展示。

③ 客户满意度变化图。服务企业一项重要的考核指标就是客户满意度。客户是否满意是衡量一切服务的基准。因此，企业很有必要对客户满意度进行专门的研究与分析。客户满意度变化图就是有效工具之一。通过指标变化的趋势来跟踪客户对企业的态度，挖掘客户满意或不满意的深层次原因，并及时发现问题，做到“防患于未然”，最终达到提升客户满意度的目的。

④ 班次动态调整表。大多数服务企业人员较为密集，且为了追求服务的便利性和全方位，创造竞争优势，服务时间一般都很长，甚至有很多企

业 24 小时提供服务，因此对服务人员的班次管理显得尤为重要，既要保证人工成本的合理控制、员工服务效率的最大化，又要尽量满足客户的服务需求。同时，由于企业所提供的服务内容、面对的客户群体不同，会出现客流量的高峰和低谷，动态调整的班次管理是极其适合服务企业的管理方法之一。

2. 目视管理的基本要求

推行目视管理要防止形式主义，一定要从企业实际出发，有重点、有计划地逐步展开。在这个过程中，应做到的基本要求是统一、简约、鲜明、实用、严格。

（1）统一，即目视管理要实行标准化，消除杂乱现象。

（2）简约，即各种视觉显示信号应简明易懂，一目了然。

（3）鲜明，即各种视觉显示信号要清晰，位置要适宜，工作人员都能看得见、看得清。

（4）实用，即不摆花架子，少花钱、多办事，讲究实效。

（5）严格，即所有工作人员都必须严格遵守和执行有关规定，有错必纠，赏罚分明。

3. 目视管理的水准

目视管理可以分为以下三个水准。

（1）初级水准：通过标识能明白现在的状态。

（2）中级水准：不仅能明白现状，还能判断状态的优劣。

（3）高级水准：标明管理方法（尤其是突发事件的应急预案），即不仅能判断状态的优劣，还能知道各种状态的应对方法。

目视管理本身并不是一套系统的管理体系或方法，因此也没有什么必须遵循的步骤。简要来说，可以先易后难，先从初级水准开始，逐步过渡到高级水准。实施过程中，挂牌作战、定点摄影、设立样板等是对推行目视管理有益的方法。

目视管理作为使问题显露化的工具，具有非常大的作用。但是，不能将目视管理简单地理解为使用颜色或道具，而应在使用的方便性上下功夫，不仅标明状态，还应辅助管理。因此，发挥全员的智慧，多学多做，使大家都能用、用得方便是实施目视管理的重要内容。

4. 目视管理的应用

国内外许多企业在应用目视管理方面已经取得了较大的进步，不仅在工作现场开始较多地应用它，而且在产品上也实施了目视管理，为客户提供方便，提升了客户的感知度。例如，电脑上许许多多形状各异、颜色不同的接口，对应的是形状、颜色不同的插头。这样只要看形状和颜色就可以插线连接，又快又准，既防止插错，又提高了安装的效率。

四、推行八好管理的标语

为了使八好管理得以迅速推广传播，执行部门应多想方法来帮助员工理解记忆，如使用标语、漫画、顺口溜等，更应动员执行部门给出有建设性的意见。以下是部分参考标语。

（1）八好简介（用简短语句来描述八好，主要的目的就是方便每一个人记忆）。

整理：要与不要，当机立断。

整顿：科学布局，取用快捷。

清洁：清除垃圾，美化环境。

形象：人与环境，优良形象。

安全：排除隐患，安全操作。

维护：时时维护，常常达标。

修养：遵守规章，养成习惯。

学习：与时俱进，做好工作。

（2）决心、用心、信心，八好管理活动有保证。

（3）全力以赴，追求卓越，严格自律，从我做起。

（4）人人有改善的能力，事事有改善的余地。

（5）结合实际行八好，齐心协力做至好。

（6）优质文化与修养，八好管理齐共享。

（7）八好法则全做到，整齐清洁效率高；八好法规，企业生辉。

（8）八好心中记，安全又卫生；品质环境优，效率我至高。

五、八好活动表格：时间管理安排

时间管理安排如表 10–2 所示。

表 10–2　　时间管理安排　　姓名：　　年　　月　　日

先后次序	工作内容	完成情况（完成标“√”）

注：完成每天工作清单；下班前检查每天的工作清单是否完成。

六、八好活动表格：八好审核纠正

八好审核纠正如表 10–3 所示。

表 10–3　　　　　　　　　八好审核纠正

不合格点的说明

审核日期：______________　　审核员 / 记录员：______________

审核地点：______________　　违反标准：______________

<table>
<tr><td rowspan="9">改善前相片</td><td>不合格点的说明</td></tr>
<tr><td></td></tr>
<tr><td></td></tr>
<tr><td></td></tr>
<tr><td></td></tr>
<tr><td></td></tr>
<tr><td></td></tr>
<tr><td></td></tr>
<tr><td></td></tr>
</table>

纠正及预防措施

纠正人：______________　　纠正日期：______________

续表

改善后相片	纠正及预防措施

跟进结果：____________________

主管签字：____________ 日期：____________

七、有利于实施八好管理的辅导课——执行力

在实施八好管理的培训课中，时常会有一些辅导课，以利于开展八好管理活动，例如：执行力、沟通、管理工具和微笑标准等。

执行力格言三则：

天行健，君子以自强不息。——《周易》

好的战略只是成功的 1/3，更重要的是执行力。

成功是一把梯子，双手插在口袋里的人是爬不上去的。

1. 什么是执行力

对于个人而言，执行力就是把想做的事做成功的能力；对于企业而言，执行力则是将长期战略一步步落到实处的能力。[①]

① 韩杰，张变策 . 浅谈如何提高企业执行力建设［J］. 经济论坛，2007（20）.

从小到大，我们都通过很多行动去做成了很多事，也就是我们发挥自己的执行力从而获得成功，很明显执行力每个人都有，只是有强弱之分。卓越的执行力表现为坚毅果敢、不怕劳苦、勇于开拓创新。相反，差的执行力表现为缺乏毅力、犹豫不决、懒惰怕事。

卓越的执行力是非常可贵的，当今优秀的企业都离不开有卓越执行力的人。

2. 提升执行力的意义

面对飞速发展的社会，如何做好工作？如何管理好企业？我左思考，右思考，得出：成功的关键就是好的执行力。

执行力是企业成功的一个必要条件，企业的成功离不开好的执行力。当企业的战略方向、工作方式已经或基本确定时，就需要执行力来实现，没有执行力，再好的想法也没有用武之地。

一家基业常青的企业一定是一家战略、计划与执行都良好的企业。

有不少天才，却最终一事无成；还有些人，才华横溢，但亦无所建树。他们或拥有很好的天赋，或拥有良好的才华，但为什么未能成功？很重要的原因就是其缺乏卓越的执行力。[①]

3. 卓越执行的秘诀[②]

培养卓越的执行力有方法，我们可从以下几方面进行。

（1）树立执行的信念。事在人为，不做懒人，不做“少壮不努力，老大徒伤悲”的人，有不断付诸行动的耐力。明白行百里者半九十，能坚持到最后一刻。

执行从心开始，古往今来，成大事者，皆有勇往直前的执行决心。

时常自我暗示，输入积极的执行理念，如时常诵读以下内容。

执行我就喜欢，执行让我成功。

---

① 李泽尧．执行力［M］．广州：广东经济出版社，2008．有删改．

② 同②．

执行光荣，拖拉、懒惰可耻！

我有执行的、大无畏的决心。

我就有卓越的执行力！

（2）给自己一个动力。给自己一个行动的理由或目标，追求正确的结果。

（3）保持身体健康。要执行，需要身体力行，平时注意保养身体和锻炼。

（4）要有团队精神。很多工作是要通过团队才得以更好完成的。

（5）学习必要的知识与方法。

（6）牢记执行四宝。

① 快。水中的小石头在什么情况下会漂起来？在水快速流动的情况下，快就会发生奇迹。

可以从以下几点训练自己。

每天早一点起床！

立即行动；决不拖拉！

② 认真。认真隐含着伟大的力量，同时是一种做事的伟大品格。认真是负责的表现，认真的员工有前途。

③ 全力以赴。

④ 坚守承诺。给自己一个好的承诺："要做就做最好的""做一名卓越的管理员"。

（7）让执行成为习惯。和有执行力的人在一起工作，没有则自己带头做起，让执行成为习惯。

（8）在实践中不断总结以提升执行力。

（9）只为成功找方法，不为失败找借口。

（10）学会认清现实，了解差距，用对的思路，制订计划，明确目标和付诸行动（见图 10–4）。

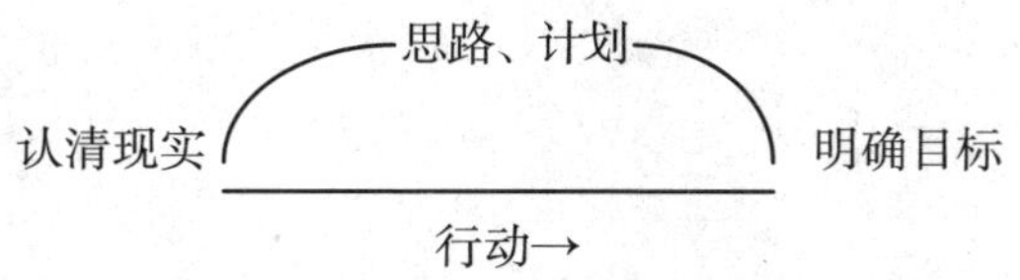

图 10-4　成功的路径

执行力是平常的，也是神奇的。再好的想法、方案，没有执行力就失去了价值，让我们扬起执行力的风帆，跨上执行力的骏马去实现自己的工作目标，去实现自己的人生理想，去创造美好的人生。让我们从今天做起，努力执行好今天，执行好未来。

第十一章 物业管理常识与技能

推行物业八好管理，会涉及工作中的常识与技能。例如，各个部门的流程会帮助你结合实际完成自己岗位的职责，这是执行修养好的一条。

同时，考虑到很多从业人员对物业管理的理解有限，或者说有新加入的员工，本章汇聚的是关于物业管理的常识与技能，将帮助你快速了解、掌握一些必要的知识。

一、什么是物业管理

物业管理（Property Management）的定义是受物业所有人的委托，依据物业管理委托合同，对物业的房屋建筑及其设备，市政公用设施、绿化、卫生、交通、治安等管理项目进行维护、修缮和整治，并向物业所有人和使用人提供综合性的有偿服务。以上所述，有的人称为狭义的物业管理。广义的物业管理应当包括业主共同管理的过程和委托物业服务企业或者其他管理人进行管理的过程。①

我国物业管理的产生与发展经历了以下时期。

（1）萌芽时期（19 世纪中叶至 1949 年）。

（2）休眠时期（1949 年至改革开放）。

（3）复苏时期（改革开放初期）。

（4）蓬勃发展时期（改革开放后）。

二、物业管理的内容②③

1. 常规性的公共服务

（1）房屋管理服务。

（2）房屋装修管理服务。

（3）物业共用设施设备管理服务。

（4）环境清洁卫生管理服务。

（5）绿化管理服务。

（6）安全管理服务。

---

① 杨哲 . 如何做好集团办公楼物业管理［J］. 城市建设理论研究，2013（22）.

② 易朋文 . 物业管理，品牌创建的发动机［EB/OL］.（2008-01-23）［2020-09-13］.http://blog.fang.com/12876077/1661572/articledetail.htm. 有删改 .

③ 客户服务中心——物业管理基础知识培训［EB/OL］.（2012-05-24）［2020-09-07］. http://jz.docin.com/p-407984520.html. 有删改 .

（7）文化、娱乐服务。

（8）其他同时惠及全体业主、使用人的服务。

2. 针对性的专项服务

（1）代办类服务，如代缴水电费、煤气费、电话费等。

（2）高层楼宇的电梯管理、外墙清洗等。

（3）一般的便利性服务，如提供室内清扫、维修、装修等服务。

（4）其他一定比例住（用）户固定需要的服务。

3. 委托性的特约服务

（1）代订代送牛奶、书报。

（2）送病人就医、喂药、医疗看护。

（3）代请钟点工、保姆、家教、家庭护理员，提供家政服务。

（4）代接代送儿童入托、入园及上、下学等。

（5）代购、代送车、船、机票与物品。

（6）代洗车辆。

（7）代住户设计小花园，绿化阳台，更换花卉盆景等。

（8）代办各类商务及业主、使用人委托的其他服务项目。这类服务项目一般是协商定价，也是以微利和轻利标准收费。

4. 经营性服务

（1）开餐饮、理发美容、洗衣、熨衣店和商店。

（2）办收费农贸市场。

（3）养花种苗出售。

（4）利用区内空地或道路夜间空闲开辟日夜收费停车场（需得到业主大会和相关业主的同意，并依法办理手续）。

（5）开办装修装潢公司，家电、车辆及各类生活用品的维修服务公司，绿化公司，清洁公司等经济实体，开展旅游、健身、销售、餐饮、娱乐等领域经营活动。

（6）从事房地产经租、信托、中介、咨询和评估、物业管理咨询等。

（7）其他多种经营服务项目。

5. 社会性管理与服务

就具体工作而言，物业管理公司必然要和有关部门发生联系，协助开展工作，传达新的政策和法令，接受有关方面的指导与监督。比如协助做好治安防范，协助做好社区突发事件的防范与应急处理，协助有关部门开展预防接种、全民选举、人口普查等。

三、物业管理的基本环节①

1. 物业管理的早期介入

（1）早期介入的原因：一开始许多项目都是在建成以后才引入物业管理，但这往往会导致一系列问题，如房型不佳，缺管理用房，车位不足，电梯容量不够，空调、抽油烟机位置未考虑或预留位置不合适，管线布局不合理，缺少安全防范系统等。归结起来可以说没有早期介入难免会产生物业配套不完善、布局设计不合理、质量不过关等问题。所以，人们越来越清晰地认识到物业管理企业在接管物业之前，就要参与物业的策划、设计和建设，充分利用自己的专业经验，从业主、使用人及管理的角度提出意见和建议，把好物业规划设计、质量关，以便物业建成后能满足业主、使用人的要求，方便物业管理。

（2）物业管理早期介入的具体工作在物业开发建设的不同阶段内容不同，具体情况如下。

① 立项决策阶段，主要是在项目的市场定位、潜在业主的构成及消费水平、周边物业管理概况以及日后的物业管理服务内容、标准及成本、利润测算等方面提供参考建议，减少物业开发决策的盲目性和主观随意性。

---

① 客户服务中心——物业管理基础知识培训［EB/OL］.（2012-05-24）［2020-09-07］. http://jz.docin.com/p-407984520.html. 有删改 .

② 规划设计阶段，物业管理企业人员在此方面的长处主要体现在对细节问题的发现与处理有着特殊的敏感性和应变力；改进意见或建议更易贴近业主们的实际需求；更能直接地把以往物业开发的“先天不足”所造成的后果反映出来，以防患于未然。

③ 施工安装阶段，该阶段的主要工作内容是监督基础隐蔽工程、机电设备安装调试、管道线路的敷设及走向等日后难以从建筑外观上察觉的施工内容，收集资料，熟悉情况，提出整改意见，督促落实。

这种早期介入并不意味着物业管理的具体工作的介入，而是指物业管理人员为开发商提供各方面的咨询意见和代为监督，目的是确保物业的设计方案合理、施工质量可靠，以使后期管理有良好的基础。

2. 前期物业管理准备

（1）与房地产开发企业接洽前期物业管理服务事项，制订接管方案。

（2）设立管理机构，进行人员培训。

（3）制定系列管理制度。

（4）完善管理及办公条件。

3. 验收接管

（1）验收内容：物业公司要依照有关接管验收规定，对物业主体结构是否安全、是否满足使用功能要求等进行再检验，对公共配套设备与设施的配备、安装、运行状况进行验收交接。

（2）移交内容：物业公司要在查明物业的全面状况的基础上办理书面移交手续，明确交接的日期，对物业及配套管理办公用房、经营用房、各种产权和技术资料等进行全面的移交，移交的档案资料有规划图、地下管网竣工图、各类房屋清单、单体建筑结构图、设备竣工图及合格证或保修书等。

4. 入住期管理服务

（1）做好物业的清洁“开荒”等准备工作。

（2）为业主办理入住手续。

（3）装修搬迁管理。

5. 档案资料的建立

（1）物业资料：主要包括物业的各种设计和竣工图纸。

（2）业主和租户的资料：主要包括业主及使用人姓名、入户人员情况、联系电话或地址、各项费用的交纳情况、房屋的装修情况等。

6. 正常期管理服务

正常期管理服务指依据管理职责和管理标准，提供专业化、全方位的优质管理与服务，使物业管理步入科学化、规范化、制度化的轨道。

7. 后期管理

后期管理指全程物业管理的最后阶段，针对生命周期已结束的物业进行的拆迁代理与环境保护方面的管理工作。

四、发展物业管理的意义与作用

（1）发展物业管理能促进经济增长，产生直接的经济效益。

（2）发展物业管理有利于提高群众生活、工作质量。

（3）发展物业管理有利于增加就业。

（4）发展物业管理有利于维护社区稳定。

（5）发展物业管理有利于提高房地产经营活动的效益。

（6）发展物业管理有利于城市管理和环境改善。

现以有利于城市管理和环境改善为例，略微介绍一下。

现代城市管理主要包括建筑物的管理、道路交通和信息管理、公共活动中心的管理和经济产业管理，等等。建筑物的容貌构成城市形象的主体。一个个物业小区是城市的细胞，小区的环境整洁、优美，城市的面貌也就焕然一新。

当前国内的一些大、中城市都希望同国际接轨，以惠及当地人民，同时帮助引进外资，发展经济。物业管理作为一种不动产的现代化管理模式，不受地区的限制。外商进入中国，一旦投资项目初成或业务有所开拓，往往会考虑“安居乐业”，因而都十分关注如何为自己安排一个舒适高效的工作和居住环境。所以，优质的物业管理不仅体现城市的优美形象，也是优化投资环境、吸引外商在华置业的重要条件。

世界卫生组织提出的健康城市的标准如下。

① 为市民提供清洁和安全的环境。

② 为市民提供可靠和持久的食品、饮水、能源供应，具有有效的清除垃圾系统。

③ 通过富有活力和创造性的各种经济手段，保证市民在营养、饮水、住房、收入、安全和工作方面的基本需求。

④ 拥有一个强有力的相互帮助的市民团体，其中各种不同的组织能够为了改善城市健康而努力工作。

⑤ 能使其市民一道参与制定涉及他们日常生活，特别是健康和福利的各项政策决定。

⑥ 提供各种娱乐和休闲活动场所，以方便市民之间的沟通和联系。

⑦ 保护文化遗产并尊重所有居民的各种文化和生活特性。

⑧ 把保护健康视为公众决策的组成部分，赋予市民选择有利于健康行为的权利。

⑨ 做出不懈努力，争取改善健康服务质量，并能使更多市民享受到健康服务。

⑩ 能使人们更健康长久地生活和少患疾病。

以上这些标准大部分同物业管理的文明、卫生小区建设相符，所以，物业管理做得好有利城市管理和环境完善。

五、物业管理歌[①]

物业管理，服务人群。业务烦琐，谨慎细心。

业主投诉，事必有因。巡视检查，眼观耳听。

楼宇环境，整洁干净。门窗招牌，光亮透明。

人车分流，畅顺安宁。围墙护栏，避患除险。

园艺草木，修剪翠茗。沟渠疏浚，避酿祸殃。

消防设施，确保正常。泵房运转，防裂管淌。

电梯机房，专业保养。保安职守，除暴安良。

突发事件，切莫慌张。冷静处理，必有良方。

热诚敬献，安居无恙。物业增值，如意吉祥。

六、客服工作介绍[②]

1. 入住流程

（1）业主持入住会签单和入住通知书办理第一步手续。

（2）物业负责发放业主手册和装修指南，并让业主签收，同时复印身份证。

（3）业主填写住户登记表并签署装修保证合同。

（4）完成以上工作后受理人签字并盖章。

（5）去财务缴纳物业费和装修保证基金并盖章。

（6）由专人带领业主验房，填写整改清单后交给业主钥匙并填写回执。

2. 登记办证

（1）出入证：

①装修工人出示施工许可证、身份证、暂住证。

---

① 张程功．东营物业管理［EB/OL］．（2012-10-15）［2020-09-13］．http://blog.sina.com.cn/s/blog_af5704b90101bd9x.html.

② 格林小镇花园客户服务管理方案［EB/OL］．（2012-02-25）［2020-09-15］．http://www.doc88.com/p-003808503913.html. 有删改．

② 去财务交费（押金 50 元，工本费 5 元）。

③ 受理人员验收单据并登记在案（留身份证复印件）。

④ 办理证件交由相关人员，有效期为 3 个月。

（2）临时出入证：

①办证人员出示身份证。

② 受理人员检验并在临时出入证上登记。

③ 临时出入证有效时间为 3 天。

（3）装修许可证：业主及装修公司在管理处登记并报批装修方案。

3. 钥匙管理

（1）发放：验房完毕后由管理人员将钥匙交与业主，并经业主同意后保留钥匙以备整改。

（2）领取：业主进场装修时持物业盖章的收条领取整改钥匙。

（3）借用：地产销售人员、业主借用钥匙要登记并签名，归还后要及时消项。其他人员借用钥匙时，未经经理同意，钥匙不得借出。

4. 前台接待及整改

（1）投诉：接到业主投诉后要及时登记在值班记录表上，并通知相关部门处理，做出处理后在记录表上登记。

（2）回访：处理完毕后要及时进行电话回访以确定业主满意程度，如不满意继续整改。

（3）整改：接单后由相关人员进行问题汇总，同时交由相关部门妥善处理。

5. 文件打印

（1）各部门需要打印的文件须经经理同意方可打印。

（2）打印须有相关记录并签名。

6. 投诉处理

（1）客服经理接到用户口头或书面投诉后，若能立刻回复用户则应立刻回复，并将有关投诉内容和回复内容记录下来。

（2）客服经理应及时分析问题产生的原因，分析判断投诉是否有效。若投诉有效，客服经理应立即拟定解决措施，在用户要求回复的时间内回复。

（3）对于用户没有明确要求回复时间的投诉，客服经理应根据事件的轻重缓急在规定的时间内回复。

① 严重且紧急事件和不严重但紧急事件应在 2 小时内回复，严重但不紧急和不严重不紧急事件可在 2 个工作日内回复。

② 若投诉无效，客服经理应在 1 个工作日内将投诉无效的原因告知用户。

③ 对于无效的投诉，应当对用户予以合理、耐心的解释。

7. 客服工作回访

（1）客服投诉及家政维修等采用维修单形式进行跟踪，每项工作完成后，各部门及时将工作完成情况反馈给经理。

（2）每项工作完成后，客服经理主动邀请第三方对客户进行访问。

（3）访问内容包括上门是否及时、工作态度、技术、礼仪等。

8. 紧急事件处理

（1）紧急事件发生后，目击者立即通知值班人员及客服人员，客服经理在确保自身和受害者人身安全的前提下，竭力阻止事态或损失的扩大，并报告小区经理。当出现人员伤亡时，应全力救护。

（2）事态稳定后，由公司组织追查事发原因和事故责任人，确定补救和预防措施，并填写紧急事件处理记录表。

（3）事发部门结合公司总经理意见积极落实相关措施，并将落实结果填写在紧急事件处理记录表中。

（4）对设备故障或房屋质量问题引发的紧急事故，客服经理应在第一时间通知当值维修技术人员处理，当值维修技术人员无法确定故障或责任时应及时上报相关领导进行现场处理。

9. 其他工作

（1）更换锁芯及猫眼：装修完毕后由物业公司统一更换锁芯，业主在管理处登记后，周六、周日物业公司统一进行更换，更换前须提前通知业主。

（2）安装可视对讲：装修完毕后由物业公司统一安装，业主在管理处登记后，周六、周日物业公司统一进行安装，安装前须提前通知业主。

（3）燃气改管：改管须到物业进行登记，由物业联系燃气公司统一改管，改管前须提前通知业主。

“五步一法”服务操作①

第一步：认识客户

主动地去认识和引导客户，为日后的服务打好基础。

第二步：了解客户

更多地了解客户，更好地识别客户需求，从而更好地提供服务。

第三步：帮助客户

转变思维方式，寓管理于服务之中，消除或减少客户的抵触情绪。

第四步：理解客户

换位思考，体谅客户苦衷，进而迅速帮助客户排忧解难。

第五步：感动客户

除了完成“分内”的事，还要多想一想有没有“分外”的事情。

重要法则：成就客户

物业服务应以满足客户成功需求为法则，帮助客户成功是服务的终极目标。

七、安全保卫服务介绍

1. 车辆登记②

（1）车辆进出停车库（场），必须认真履行规定手续并做好记录。

（2）每班不定时巡查车况，发现问题，做好记录，及时处理。

---

① 物业管理就是服务（从万科物业看物业管理客户服务）[EB/OL].（2014-05-04）[2020-09-06]. http://www.doc88.com/p-5897174387739.html.

② 保安手册[EB/OL].（2012-03-31）[2020-09-15]. https://wenku.baidu.com/view/2a6f244afe4733687e21aa73.html.

（3）每班对停车库（场）内防盗、防火设施检查一次。

（4）对小区地面、前厅、楼层、车库进行巡查，发现异常情况及时处理。

2. 来访登记

（1）对来访人员，一律执行先询问并征得被访人同意，再凭有效身份证件进行登记，由巡逻人员带领方能进入小区的管理制度。认真填写来访登记表。

（2）妥善处理不登记强行进入小区等意外情况。

（3）凡进入小区的车辆，都应请驾驶员自觉刷卡，值班员核对。

（4）禁止大型客车、货车或载有易燃、易爆、有毒、有害物品的车辆进入小区。

3. 住户投诉

（1）认真听取住户意见，了解投诉的真正目的和原因。

（2）尽力给出恰当的答复。

（3）若当时无法答复，则采取以下办法：首先，和住户约定时间；其次，立即将投诉的问题告知责任人，让其立即解决，按时汇报，或亲自落实；最后，回复投诉者。

（4）如投诉者仍不满意，或感到事关重大，可向上级领导汇报，并按上级领导的意见办理。

（5）在一定时间内上门回访。

4. 巡视小区

（1）形成巡视小区制度，每日至少巡视四次。

（2）巡视的范围和主要内容如下。

①通过巡视，发现造成问题的原因，并联系小区经理及时解决问题。

②通过巡视，防止问题进一步恶化，将问题严防在最初。

（3）对巡视中发现问题的处置：[①]

①做好记录。

---

① 小区物业安全部工作手册［EB/OL］.（2014-10-24）［2020-10-04］. https://www.docin.com/p-941640659-f6.html.

② 立即落实到具体责任人。

③ 限期整改。

④ 整改到期后立即复查。

5. 突发事件[①]

（1）突发事件是指治安、刑事案件；火警、火灾；自然灾害；设施设备故障。

（2）当接到出现突发事件的报告后应立即赶赴现场。

（3）进行简要了解后，结合当时的具体情况实施处置。

（4）立即向上级报告。

（5）协助上级主管（或消防）部门处理突发事件。

（6）做好复查工作。

八、保洁工作介绍[②]

1. 室内清洁程序及标准

（1）楼梯保洁：

① 每天清扫 1 次各责任区楼梯台阶及电梯平台。

② 每星期对各责任区楼梯拖洗 2~3 次。

③ 每两天用干净的毛巾擦抹各层消防栓柜门、排风口、玻璃窗、楼梯扶手、墙根部分踢脚板、安全指示牌、开关盒、设备井门等公共设施。

④ 清洁标准——地面、梯级洁净，目视无污渍、水渍、灰尘；楼梯扶手护栏干净、光亮、无尘；梯间顶面无蜘蛛网；大理石地面目视干净无污渍；水泥地面目视干净，无杂物、污迹。

（2）电梯保洁：

① 每天地面除尘去污。

---

① 小区物业安全部工作手册［EB/OL］.（2014-10-24）［2020-10-04］. https://www.docin.com/p-941640659-f6.html.

② 某物业公司保洁工作程序与标准［EB/OL］.（2014-06-11）［2020-09-21］.https://www.taodocs.com/p-4516725.html. 有删改 .

② 电梯门、壁、天花板应每周保洁 1 次。

③ 电梯间的开关、运行显示器应每天用干布抹 1 次。

④ 电梯门沟槽每周清扫 2 次，先用毛刷除去沟槽中的杂物、泥沙等，再用毛巾擦净。

⑤ 电梯保洁标准——目视地面无污渍灰尘，沟槽无杂物；不锈钢门表面光亮，无灰尘、污迹；灯具、天花板无灰尘、蜘蛛网；轿厢内四壁干净，无灰尘、污渍。

2. 室外公共区域的保洁

（1）每天对小区的道路清扫 2 次。

（2）对主干路段每天除清扫外，应巡回保洁。

（3）雨天后用扫把将道路上的积水扫除，确保路面无积水；雪天后用扫把将道路上的积雪扫除，若出现冰冻现象则用铁锹或铁铲将冰除去。

（4）绿化带里含有带刺的植物，绿化清扫不方便时，可用火钳清除杂物。

（5）发现路面有油污时应立即用长柄刷和清洁剂、除油剂进行刷洗；水泥、涂料等装修装饰材料大面积洒或嵌在道路、地面上后，立即用铁刷、盐酸（盐酸必须用水稀释）或水清洗。

（6）发现地面上有口香糖、污痕、痰迹，应立即用拖把或长柄刷及铲刀擦净，做到人过地净。

（7）道路的清洁标准——目视地面无杂物、积水，无明显污渍、泥沙；道路、人行道无污渍，每 200 平方米痰迹控制在 1 个以内；行人路面干净无浮尘、无杂物、无垃圾、无痰渍；路面垃圾滞留时间不能超过 1 小时。

3. 绿化带的清洁

（1）每天用扫把仔细清扫草地、绿化带上的果皮、纸屑、石块、落叶等垃圾。

（2）每周 2~3 次用火钳或手除去遗留在绿化带（花坛、花盆）内，用扫把难以扫去的细小杂物，如口香糖、烟蒂、枯枝、碎纸屑等。

（3）老鼠洞必须立刻处理。

（4）每天清洁绿化带一次，秋冬季节或落叶较多时应增加清洁次数。

4. 垃圾桶、果皮箱的清洁

（1）垃圾桶、果皮箱应每天清运一次。

（2）垃圾桶、果皮箱每周清洗一次，遇特殊情况应增加清洗次数。

（3）清洗垃圾桶、果皮箱时不能影响业主使用。

（4）清洗前应先倒净垃圾桶、果皮箱内的垃圾，除去垃圾袋，并集中运到指定的地方清洗。

（5）先将垃圾桶、果皮箱的表面冲洗一遍，然后用清洁剂反复擦拭。

（6）将油渍、污渍洗干净后，用清水冲洗干净，并用布抹干。

（7）清洗完毕后应及时将垃圾桶、果皮箱运回原处，并套好垃圾袋。

（8）清洁标准——目视垃圾桶、果皮箱无污迹、无油迹；垃圾桶、果皮箱周围无积水。

5. 地下车库清洁

（1）每两天清除地下车库内的纸屑等垃圾。

（2）每周将墙面以及所有箱柜和器具上的灰尘掸掉擦净。

（3）每天清除地下车库进出口处的垃圾，以避免下水道堵塞。

（4）每天查看车库内的卫生情况，不允许在地下车库堆放物品及垃圾。

（5）每周用湿拖把拖去灰尘或用水冲洗，保持场地无浮尘、无杂物、无污迹、无异味、空气流畅，定期喷洒药水。

九、办公室八好管理细则

1. 办公桌

（1）桌面无灰尘、水渍、杂物，下班前要清理桌面。

（2）重要纸张文件、保密资料（包括发票、客户信息、合同）等一律入柜。

（3）其他纸张文件全部整齐放置在文件架、文件夹或书柜中，不得散放在桌面上。

（4）办公用品要摆放整齐，桌下不得堆放与工作无关的物品，如报纸、杂志、纸箱等。

2. 办公椅

（1）保持干净整洁。

（2）摆放整齐，离开时办公椅要靠近办公桌摆放。

（3）不用的折叠椅应折起整齐地放在不影响他人走路的地方。

3. 抽屉

（1）下班离开前要锁好。

（2）抽屉内物品要摆放整齐。

（3）抽屉内物品要定期清理。

4. 保密柜、文件柜

（1）有标志（部门、编号、责任人）。

（2）其中的物品摆放整齐，标志明确，便于查找。

（3）文档保存规范。

5. 计算机

（1）摆放端正、保持清洁。

（2）下班时关闭电源。

（3）笔记本电脑锁到个人物品柜中。

6. 打印机、传真机

（1）节约用纸，纸张存放整齐。

（2）及时取回打印、传真文件，以免丢失、泄密。

（3）不允许用传真机复印大量文件（情况紧急时可特殊对待）。

7. 地面

（1）保持地面干净。

（2）计算机电源线、网络线、电话线等扎放整齐。

（3）桌垫、纸袋、纸张、纸板、纸箱、塑料泡沫等易燃品，不得与电源线、网线、电话线放置在一起，保证安全。

8. 通道、走廊

（1）保持通道、走廊通畅。

（2）不得摆放影响美观或走路的纸箱等。

（3）垃圾桶应置于桌下内侧，不得放在通道上。

9. 临时摆放物品

（1）原则上公共场地不允许摆放纸箱等物品。

（2）如特殊情况需临时摆放，必须放置整齐，不得影响整个办公场所的美观及行走方便。

10. 公用、流动座位

使用人员均有责任和义务在使用和离开时做好该办公区域的卫生工作。

11. 个人行为

（1）工作时应保持良好的工作状态。

（2）不可随意谈天说笑、串岗、呆坐、看杂志、打瞌睡、吃零食。

（3）着装得体大方，工牌佩戴规范。

（4）爱护公物，用完归位。

（5）待人接物诚恳有礼貌，乐于助人。

（6）遵守公共秩序与规定。

（7）下班离开办公室前关闭所有电源。

（8）提高修养，追求并创造良好办公环境，拥有自律精神，并按规则做事。

12. 基本修养

（1）开放办公间办公：

① 不要大声喧哗，接听电话或与别人讨论的声音要控制在隔壁的同事听

不到的范围内。

② 团结并尊重每一位同事，工作中保持经常沟通，有不同意见时要通过恰当方式解决分歧，任何情况下都不可恶语相向或采取过激行为。

③ 如有客人来访，要做到彬彬有礼，最好在会议室或公共会客厅会客。

（2）手机的使用：

① 开会、上课、培训时手机关闭（或设置为震动）。

② 在开放办公间办公时将手机转到座机上，或将声音调至不影响别人工作。

以下资料摘录自哈密市和谐物业管理有限公司的规定。

各部门、管理处须依据相关标准，对本部门办公环境八好管理执行情况进行自查自纠，对于不符合项及时进行整改。

公司品质部门组织对公司范围内办公环境八好管理执行情况进行不定期检查，并将检查结果于公司范围内予以通报，同时对不符合项提出整改要求。

对于八好管理执行情况优秀的部门给予表扬及鼓励；对于执行情况较差（评分 95 分以下）或未按公司要求及时整改的部门，对部门第一负责人及相关责任人（安管队长）给予月度考核扣 10 分处罚。

参考文献

［1］何广明．优质管理五常法［M］．广州：广东经济出版社，2008.

［2］安子，何广明，陈义．家政服务五常法教程［M］．北京：中国劳动社会保障出版社，2010.

［3］孙少雄，孙宝东．服务业 5S 精益管理：品质改善利器［M］．北京：机械工业出版社，2010.

［4］浙江省餐饮行业五常法管理推广工作小组．浙江省餐饮业“五常法”管理技术指导手册［EB/OL］．（2015–05–25）［2019–07–10］.http://www.doc88.com/p–8981272627724.html.

［5］绿城物业管理有限公司 8S 管理目视化工作手册［EB/OL］．（2014–06–27）［2019–07–01］.http://www.doc88.com/p–2866711765725.html.

［6］邹金宏．现代餐饮六好管理实操［M］．广州：广东经济出版社，2012.

［7］物业管理条例（2018 年修正本）［EB/OL］．（2018–04–10）［2019–07–02］.http://www.ganzhou.gov.cn/zfxxgk/c100475p/2018–04/10/content_a8d81ef142104d8b845e159563081baf.shtml.

［8］辛咨萱，邹金宏．物业六好管理［M］．北京：中国财富出版社，2015.

［9］海尔集团 6S 大脚印［EB/OL］．（2013–11–25）［2019–07–02］. https://www.docin.com/p–730796984.html.

［10］李毓秀．弟子规［M］．南昌：二十一世纪出版社，2010.

［11］邹金宏，谭天．餐饮培训第一课［M］．北京：中国财富出版社，2015.

［12］邹金宏．餐厅服务培训大全［M］．北京：中国财富出版社，2009.

［13］夏君，邹金宏．家政六好管理［M］．北京：中国财富出版社，2013.

［14］邹金宏．麦当劳成功的启示［M］．北京：中国物资出版社，2011.

［15］邹金宏．现代餐饮厨房主管实用培训［M］．广州：广东经济出版社有限

公司，2011.

[16] 光明，邹金宏.餐饮运营实操手册[M].广州：广东经济出版社有限公司，2017.

[17] 邹金宏.现代餐饮管理员实用培训[M].广州：广东经济出版社，2009.

[18] 邹金宏，莫庆其，李政.现代餐饮新员工实用培训手册[M].广州：广东经济出版社，2008.

[19] 邹金宏.海底捞管理智慧[M].广州：广东经济出版社有限公司，2013.

[20] 邹金宏.如何做好餐饮店长经理[M].广州：广东经济出版社，2014.

[21] 邹金宏.工作成功学[M].广州：广东经济出版社，2009.

[22] 邹金宏.卓越餐厅成功的 90 个秘诀[M].广州：广东经济出版社，2010.

[23] 邹金宏.餐馆经营管理实战与培训[M].南京：江苏美术出版社，2012.

[24] 邹金宏.实用餐饮营业及营销[M].广州：中山大学出版社，2005.

[25] 邹金宏.餐饮实用制度与表格大全[M].广州：广东经济出版社，2013.

[26] 邹金宏.工作成功学[M].广州：广东经济出版社，2009.

[27] 邹金宏.与成功有约[M].广州：广东经济出版社，2008.

[28] 李泽尧.执行力[M].广州：广东经济出版社，2008.

附录　物业管理“三”字经①

树立三心：热心、诚心、耐心。

强调三性：主动性、积极性、创造性。

要讲三技：技术、技能、技巧。

要求三高：高标准、高要求、高质量。

行三礼：举手礼、注目礼、点头礼。

实行三查：查岗位、查职责、查隐患。

进行三防：防火、防盗、防水浸。

保持三贵：贵在实践、贵在坚持、贵在自律。

考核三可：可比性、可操作性、可持续性。

制度三化：规范化、系统化、图表化。

处理三快：投诉处理快、事情跟进快、解决问题快。

目标三满意：业主满意、开发商满意、自己满意。

① 物业管理“三字经”［EB/OL］.（2012-07-10）［2020-08-10］.http://www.360doc.com/document/12/0710/10/1514013_223326550.shtml. 有删改 .

后记

感谢出版社、书店和图书馆，以及对本书有贡献的所有人士！有了他们，我们才有了今天交流的机会。感谢阅读本书又将所学实践于现实中的读者，你们让本书的知识变得有价值！所有的成就属于大家。愿爱和善意能作为回馈，让社会更加美好与和谐。

本书是为从事物业管理的朋友们而写的，旨在帮助你们更胜任工作，将事业做得更好。当然，八好管理也可以应用于很多地方，如工厂、学校等。本书提供给你们的也许是金矿，待你们开采和提炼；也许是一些点和面，待你们触类旁通。能对你们有帮助，对我们来说是最开心的事情。

由于水平有限，时间仓促，本书还有很多待完善的地方，还请多指正。

成功是有方法的，相信如果用心的话，将掌握成功的方法并获得成功。

相信读到这里，你们已经有了收获。

阅读本书，不是一个终点，而是一个起点！

祝事业进步！